KB049104

다음 세대를 생각하는
인문교양 시리즈

아우름 12

정의, 나만 지키면
손해 아닌가요?

나의 행복과 우리의 행복이
하나라는 깨달음

김경집 지음

샘터

정의는 어른들만의 일이 아닙니다

정의. 참 듣기 좋은 말입니다. 누구나 정의로운 사회를 원합니다. 그러나 그것은 그냥 얻어지는 게 아닙니다. 저절로 찾아오는 것도 아닙니다. 인류는 정의를 위해 싸웠고 때론 목숨을 바치면서 그것을 쟁취했습니다. 정의는 고귀한 것입니다. 정의가 없는 사회는 매연으로 가득한 사회와 같습니다. 산소는 눈에 보이지 않습니다. 그러나 산소가 없으면 죽습니다. 산소가 있을 때는 그게 소중하고 중요한지 모릅니다. 물론 이론으로는 산소의 화학 방정식까지 세밀하게 압니다. 그러나 일상에서 그것을 체감하지는 않고 삽니다. 산소가 없어져야 비로소 느낍니다.

얼마 전 히말라야의 안나푸르나 라운드 트레킹을 다녀왔습니다. 5,500m까지 올랐습니다. 3,000m가 넘으면서부터 숨이 가빴습니다. 걸음을 옮기는 것도 힘들었습니다. 나중에는 카메라를 들고 사진 찍는 것조차 엄청난 수고였습니다. 5,000m쯤 되는 곳에 있는 마지막 하이캠프에서는 끝내 잠을 잘 수 없었습니다. 숨이 가빠 단 5분도 잘 수 없었습니다. 죽을 것만 같았습니다. 산소만 있다면 뭐든 할 수 있을 것 같았습니다. 그러나 일정을 다 마치고 도시로 돌아오니 그런 생각은 전혀 들지 않았습니다.

자유와 정의는 있을 때는 잘 모릅니다. 나만 손해 보지 않고 나만 다치지 않는다면 그 사회가 정의롭지 않아도 개인의 자유가 없어도 상관하지 않습니다. 그러나 그런 사회는 곧 망합니다. 오늘은 누군가가 불의에 다칩니다. 그리고 내일은 당신의 차례입니다. 모레는 바로 내 차례입니다.

정의에 대해 말하고 자유에 대해 말하고 있다는 건 그만큼 그 사회에서 자유와 정의가 제대로 작동되지 않고 있다는 증거입니다. 완전히 보장되고 누릴 수 있어서 굳이 자유와 정의에 대해 말하지 않아도 되는 세상이 와야 합니다. 그러나 그러기 위해서는, 그리고 진정 내가 자유와 정의를 원한다면 나부터 그것을 지키기 위해 용감하게 싸울 각오가 되어 있어야 합니다.

흔히 자유와 정의 등은 사회적 가치이고 당연히 어른들의 몫이라 생각하는 청소년들이 많습니다. 그럴 만도 하겠지요. 그러나 정말 그럴까요? 인간의 가치는 어른이 되었을 때만 누릴 수 있는 게 아닙니다. 누구나 인간의 가치와 존엄을 보장받아야 합니다. 어린이도 청소년도 인격적 존재입니다. 당연히 그들에게도 자유와 정의는 보장되어야 하고 그들도 정의를 학습하며 훈련해야 합니다. 불행히도 지금 우리의 교육은 그것을 문자로만, 개념으로만 다룹니다. 구체적으로 어떤 일에서 자유와 정의의 문제를 느껴야 하고 다뤄야 하며 행동으로 실천해야 하는지 익히지 않으면 어른이 되어서도 그건 그저 남의 일이기 쉽습니다. 그러면서 자신의 자유와 정의는 보장되어야 한다고 믿습니다. 그건 크게 잘못된 생각입니다.

누구나 어떤 사회나 자유와 정의의 문제는 존재합니다. 다만 양상이 다르고 정도의 차이가 있을 뿐입니다. 어쩌면 청소년 여러분이 체감하는 자유와 정의는 어른들의 그것보다 훨씬 더 치열하고 구체적일지 모릅니다. 왜냐하면 여러분의 사회는 어른들의 사회보다 좁고 반복적이며 틀에 갇혀 있기 때문입니다. 그럼에도 공부만 하면 다 되는 거라는 어른들의 채근에 여러분 스스로도 자유와 정의의 문제는 중요한 게 아니라고 느낄 수 있습니다.

하지만 자세히 들여다보면 그 반대입니다. 학교를 비롯한 교육제도는 어쩔 수 없이 폐쇄적이고 제도적이며 강압적입니다. 민주주의를 가르치고 배양하는 곳이면서 정작 학교는 비민주적이고 심지어 정의롭지도 않은 경우가 많습니다. 제도만의 문제일까요? 청소년 여러분이 이미 겪고 있는 학교 폭력(이건 비단 학생들끼리의 폭력만 해당되는 게 아닙니다. 어른인 선생님들의 폭력도 포함됩니다)과 집단 따돌림 같은 현상은 매우 구체적인 자유와 정의의 문제입니다. 그런데 외면하거나 감추거나 모르고 지나기도 합니다. 그렇게 자라서 어른이 되면 자유와 정의는 저절로 오는 걸까요? 아닙니다. 오히려 그 반대에 서거나 자유와 정의가 배제된 굴종의 삶을 살아야 합니다.

나만 정의를 지키면 손해인 것처럼 느껴질지 모릅니다. 나만 손해 보지 않으면 어떤 일이 일어나도 상관없다고 여깁니다. 하지만 그렇게 되면 내가 자유를 빼앗기고 불의를 당하게 되었을 때 아무도 나를 지켜 주지 않습니다. 정의는 단순한 신념의 문제가 아니라 연대라는 구체적인 행동과 실천이 따를 때에만 지켜지는 것입니다.

우리는 함께 삽니다. 물론 사는 방식이나 태도 그리고 가치관 등은 다 다릅니다. 하지만 자유와 정의의 문제는 모두에게 똑같은 가치입니다. 그것이 없으면 우리는 인격적인 삶을 살 수 없습니다. 내가 정의를 지켜야 우리 모두의 정의를 지킬 수 있습니다. 우리의 정의가 지켜져야 내게 정의가 돌아옵니다. 따라서 우리 모두는 함께 정의를 지켜야 합니다. 결코 나만 지켜서 손해 보는 게 아닙니다.

'자유로운 개인'으로 사회 공동체 속에서 각자가 원하는 삶을 살아야 합니다. 모두에게 그 권리가 있습니다. 그러므로 우리는 모두 정의를 실천해야 하고 정의가 훼손되면 비판하고 저항하고 맞서 싸워야 합니다. 나 하나쯤이야 하고 외면할 때 정의는 사라집니다. 지금 청소년 여러분이 정의에 대해 굳센 신념과 행동의 의지를 갖출 때 여러분이 살아갈 미래는 훨씬 행복해질 것이라 믿습니다. 그런 여러분을 응원합니다.

2016년 5월 수연재樹然齋에서
김경집

| 차 례 |

1장.

정의,
어렵지 않아요

머리가 아니라
가슴으로 먼저

여러분이 오래 살지는 않았어도 살면서 뭔가 부당하다거나 옳지 않다고 여기는 일들을 나름대로 겪어 봤을 거예요. 물론 모든 사람이 다 그렇다고 여기면 문제가 없겠지만 어떤 사람들은 그렇다고 말하고 또 다른 사람들은 전혀 그렇지 않다고 말하면 헷갈리지요? 아마이런 경우도 겪어 봤을 겁니다. 나는 규칙을 지키는데 다른 친구들이나 사람들은 전혀 지키지 않는 경우 말입니다. 시험 때 나는 열심히 공부했는데 누군가는 공부도 제대로 하지 않았으면서 부정행위를 하고도 걸리지 않아 나보다 점수가 높게 나오는 경우, 여러분은 어떤 생각이 드나요? 분명히 공정하지 않다고 여길 겁니다. 그렇다고 선생님께 고자질하는 건 내키지 않아 속으로 끙끙 앓아 본 적 있나요? 지하철이나 버스를 기다리는데 어떤 어른이 슬그머니 새치기하는 경우도 있지요. 다행히 내 자리가 남았다면 덜 화가 나지만, 내가 승차하자마자 하나 남은 그 자리를 그 사람이 차지해서 꼼짝없이 내가 서서 가야 하는 경우는 정말 화가 나지요? 그런 때 규칙을 따르는 사람만 손해를 보는 것 같아서 화가 납니다.

뭔가 부당하고 불공정하다고 느낄 때 우리는 정의를 생각합니다. 산소가 부족해야 산소의 가치와 의미를 떠올리는 것처럼 말이지요. 사전에 따르면 정의란, '진리에 맞는 올바른 도리' 혹은 '바른 의의' 또는 '개인 간의 올바른 도리나 사회를 구성하고 유지하는 공정한 도리'라고 설명됩니다. 무슨 말인지는 알겠지요. 그런데 추상적 설명이 아니라 구체적으로 어떤 경우에 정의라고 하는지, 그리고 정의의 실제적 모습이 어떤지는 딱 부러지게 설명하거나 이해하기 어렵지요. 그래서 자꾸만 선언이나 구호로만 받아들이는 경우도 있어요. 그럼 다음의 경우를 곰곰이 생각해 봅시다.

여러분 초등학교 때 〈옹달샘〉이라는 동요 배웠지요? 그게 우리나라 동요라고 생각하는 친구들도 있겠지만 사실은 독일 노래에 윤석중 선생님께서 우리말로 가사를 쓰신 거랍니다. 그럼 초등학교 교실로 돌아가 봅시다.

여기에서 여러분에게 미리 한 가지만 언급하고 넘어갈 게 있어요.

우리 교실에서의 수업은 대부분 그 과목의 기능과 지식에 집중하지요. 그러니까 음악 시간에는 '선율, 박자, 화성' 등 음악의 기본 요소들과 음악가와 음악사 등 음악적 지식을 배우고 기능, 즉 노래를 부르고 악기를 다루는 법 등을 익히지요. 20세기에는 세상의 흐름이 '속도와 효율' 중심이었기 때문에 교육 또한 그런 방식으로 이루어진 게 사실입니다. 그러나 21세기, 즉 여러분이 태어나고 자랐고 살아갈 세상은 그렇지 않아요. 현재와 미래의 시대는 '창조, 혁신, 융합'의 가치를 익히고 훈련하며 거기에서 새로운 가치를 만들어 내야 하는 시대입니다. 이 문제는 꼭 기억하길 바랍니다.

자, 그럼 다시 원래의 문제로 돌아가 보지요. 음악 시간의 모습이 어떤가요? 동요 〈옹달샘〉을 배우는 음악 시간에 선생님은 피아노를 쳐서 학생들에게 선율을 익히게 합니다. 그런 뒤에 어떻게 하지요? 한 소절씩 따라 부르게 하지요. 그런 다음 두 소절, 네 소절, 이렇게 점점 분량을 늘려서 따라 부르고 마침내 곡 전체를 부를 수 있게 됩니다. 분단별로 나누어 불러도 보고 마지막엔 반 전체 학생이 다 함께 처음부터 끝까지 부릅니다. 그러면 그 노래는 대략적으로 익힌 것이고 음악 수업의 목적을 달성한 셈이지요.

그런데 가사에 대해 꼼꼼하게 짚어 본 적이 있나요? 가사는 분명 노래의 중요한 부분입니다. 그런데 우리는 음악 시간에 가사를 제대로 음미해 보지 않지요. 그럼 가사를 살펴봅시다.

"깊은 산속 옹달샘, 누가 와서 먹나요. (…) 새벽에 토끼가 눈 비비고 일어나 세수하러 왔다가 물만 먹고 가지요."

가사가 참 간단하지요? 이제 하나씩 따져 봅시다. 노래의 주인공인 토끼는 왜 그렇게 새벽에 일찍 일어났을까요? 가사에 있잖아요. '세수하러' 그렇게 일찍 일어난 겁니다. 토끼의 소망이랄까 바람이 바로 깨끗한 물에 세수하는 겁니다. 누구나 자신의 행복을 추구할 권리가 있습니다. 이걸 거창하게 말하자면 '행복추구권'이라 할 수 있어요. 행복추구권이란 '누구나 행복을 추구할 권리가 있다'는 것으로 헌법에 보장된 권리입니다. 사실 이러한 조항이 헌법 가치로 도입된 건 현대에 들어와서입니다. 우리나라 헌법에는 제10조에 기록되어 있는데 1980년대 들어서야 문자로 규정된, 그러니까 매우 현대적 개념이고 가치입니다.

숲 속의 법칙을 따르자면 '먼저 가는 동물'이 그 권리를 얻을 수 있는 거겠지요. 토끼는 그래서 새벽에 일어났어요. 그러니까 그 권리를 얻기 위한 값을 치른 셈이지요. 여기서 문제 하나 풀어 봅시다. 이 토끼는 늙거나 나이 든 토끼일까요, 젊거나 어린 토끼일까요? 뜬금없다고 여겨지나요? 가사를 잘 살펴보세요. '새벽에' '눈 비비고' 일어났다고 했잖아요? 여러분의 할아버지나 할머니는 이른 새벽에 일어나시지요? 그런데 여러분은 아무리 자도 잠이 부족해요. 그래서 새벽 일찍 일어나는 건 정말 끔찍하지요. 그러니까 노래의 주인공인 토끼도 아마 젊거나 어린 토끼일 겁니다. '눈 비비고' 일어났다는 건 싫은데 억지로 일어났다는 거지요. 왜 그랬죠? 맞습니다. 바라는 바가 있잖아요. 바로 깨끗한 물에서 세수하는 것! 그렇죠. 깨끗한 물에 세수하려고 그렇게 힘들게 일어났어요. 새벽어둠을 가르며 옹달샘까지 가는 것도 쉽지는 않겠지요. 그래도 드디어 원하는 바를 달성할 수 있으니 설렘과 기대로 가득했을 겁니다.

그런데 이 토끼가 이상해요! 세수하러 갔는데 세수를 하지 않다니요! 건망증이 심해서 가다가 까먹은 걸까요? 아니면 조기 치매라도 걸린 걸까요? 여러분은 궁금하지 않나요? 왜 세수를 하지 않은 걸까요? 여러 가지로 생각해 볼 수 있을 겁니다.

여기서도 중요한 사실 하나를 발견할 수 있어요. '누구나 자신의 방식대로 생각할 권리'가 있다는 겁니다. 누가 내게 생각을 강요했나요? 아닙니다. 내가 내 나름대로 생각한 겁니다. 그걸 개념적으로 설명하면 바로 '사상의 자유'라고 할 수 있습니다. 이것 또한 헌법에 보장된 자유고 권리입니다. 한 가지 더 생각해 봅시다. 나는 한 가지 또는 몇 가지 생각을 했습니다. 그런데 다른 친구들이 모두 나와 같은 생각을 하지는 않을 수 있어요. 각자 나름대로 생각들이 있겠지요. 그들도 생각의 자유, 즉 사상의 자유가 있으니까요. 서로 토끼가 세수하지 않은 까닭을 말하겠지요. 내 생각과 다른 것도 있고 같은 것도 있을 겁니다.

나와 생각이 다르다고 그 친구가 '틀린' 건 아닙니다. 다른 친구의 다른 생각은 그의 권리예요. 그런데 내 생각에 그런 다른 생각들이 더해지면 어떤 일이 생길까요? 다양한 생각이 확장되고 서로 얽혀 복합적인 생각이 될 수도 있어요. 그걸 '생각의 융합'이라고 할 수 있습니다. 우리가 혼자 공부하지 않고 학교에 함께 모여 공부하는 까닭 가운데 하나도 바로 그런 목적 혹은 효과 때문이라는 걸 잊으면 안 됩니다. 그렇다면 나와 함께 공부하는 내 친구들이 소중하고 고맙겠지요. 그게 일차적 연대 의식 혹은 공동체 의식입니다. 아무리 내가 열심히 공부하고 좋은 성적을 얻어도 그런 의식이 없다면 나는 아주 이기적인 사람이 되기 쉽습니다. 그러면 어떤 부당한 일에 맞설 때 나 혼자 외롭게 싸우거나 버텨야 합니다. 반면 함께 공부하고 생각을 나누고 더해 준 친구들이 곁에 있다면 늘 든든하고 고맙겠지요. 이건 꼭 기억해야 해요.

그런데 친구들 가운데 꼭 이상한 대답을 하거나 예상하지 못한 행동을 하는 녀석들이 있잖아요? 선생님께서 토끼가 세수하지 않은 까닭을 물어보셨을 때도 그런 이상한 대답을 하는 친구가 있을 겁니다. 그러면 우리는 속으로 어떻게 생각하나요? '뭐 저런 놈이 있나?' 혹은 '쟤 바보 아냐?' 그러거나 '아, 재수 없어!'라고 생각하며 속으로 그 친구에 대해 판단하고 내 친구 명단에서 지워 내려고 합니다. 여러분은 그렇지 않나요? 내 생각과 다르면 우리는 일단 '내 편'이 아니라고 여기거나 '틀렸다'고 생각하잖아요. 선생님께서 다시 물어봅니다. "넌 왜 그렇게 생각하니?" 그 친구가 더듬더듬 대답합니다. 그런데 여기서 주목해 보세요. 방금 전 내 생각과 다르다는 이유로 그를 내 친구의 영역에서 지워 냈는데, 가만히 들어 보니 전부 다 동의할 수는 없어도 나름대로 일리가 있거나 그렇게 생각할 수도 있겠구나 싶은 부분이 있을 겁니다.

여기에 두 가지 생각할 거리가 있어요. 우선, 누구나 자신의 생각을 표현할 수 있는 자유와 권리가 있다는 겁니다. 남 눈치 보거나 두려워하지 않고 당당하게 자신의 생각을 표현하는 겁니다. 그게 바로 '표현의 자유'입니다. 앞에서 말했던 권리, 즉 사상의 자유와 묶어서 '사상과 표현의 자유'라고 할 수 있어요. 이것 또한 19세기에 들어서야 헌법적 가치로 인정받은 매우 중요한 요소입니다. 우리나라 헌법 제21조에 이 권리와 자유가 분명하게 보장되어 있습니다.

초등학교 1학년 음악 시간에 '사상과 표현의 자유'를 배운다니까 이상한가요? 중학교나 고등학교에서 사회나 윤리 시간에 개념으로만 배우는 것보다 이쪽이 훨씬 더 피부에 와 닿지 않나요? 가슴으로 느낄 수 있다면 '사상과 표현의 자유'는 아무리 일찍 익혀도 부자연스러운 게 아닙니다.

그럼 나머지 한 가지 생각할 거리는 뭘까요? 아까 어떤 친구가 이상한 대답을 했을 때 속으로 비난하거나 비웃었잖아요? 그런데 그 친구 대답을 들어 보니 어떤 점에서는 일리가 있고 동의하고 공감할 점도 있잖아요. 그러면 내가 너무 성급했던 셈이지요. 성급함의 반대는 뭘까요? 그건 바로 신중함이고 기다림입니다. 사람이건 사물이건 사태건 판단할 때 너무 성급하면 전체를 제대로 이해하지 못하기 쉽습니다. 그러면 제대로 판단하지 못합니다. 하나의 현상으로 전체를 판단하는 건 매우 위험합니다. 더구나 그가 사람이고 게다가 나와 같은 반에서 함께하는 친구라면 더 말할 것도 없겠지요. 따라서 우리는 신중함과 배려, 그리고 공감과 연대를 이 과정을 통해 배울 수 있습니다. 정의라는 주제를 다룰 때 '신중함과 배려, 공감과 연대'라는 건 매우 중요합니다. 그건 잠시 뒤에 다시 다루기로 하지요.

"토끼는 왜 세수를 하지 않은 걸까?" 서로 생각이 다를 수 있고 다양하게 표현되기는 하겠지만 아마 가장 많은 대답은 이런 게 아닐까요? "내가 깨끗한 옹달샘에서 세수하면 물이 더러워져서 다른 동물들이 물을 마시지 못하니까요."

여러분도 그렇게 여기나요? 아마 정확하게 일치하지는 않아도 대략 그런 비슷한 대답을 많이 떠올렸을 것 같습니다. 그러면 선생님께서 이렇게 말씀하시겠지요. "그래. 토끼는 분명 새벽에 일찍 눈비비고 일어나서 왔으니 대가를 치렀고 행복을 추구할 권리, 즉 세수할 권리를 가졌지만 여러분의 생각처럼 다른 동물들을 생각해 보니 도저히 세수할 수 없다고 여겼을 거야." 그러시면서 이렇게 덧붙일 겁니다. "누구나 행복을 추구하고 그 권리와 자유를 갖는다. 그러나 나의 행복이 다른 사람의 행복을 함께 크게 하거나 혹은 최소한 다른 사람의 행복을 침해하지 않는 범위 안에서만 그것을 누릴 권리가 있다." 내 행복은 당연히 중요하지만 다른 사람의 불행을 토대로 해서 이루어지는 행복이라면 그건 행복일 수 없습니다. 그런 경우 기꺼이 내 행복을 포기하는 것, 그것이 바로 정의입니다.

선생님께서 다시 묻습니다. "여러분이 행복하고 싶을 때 다른 이를 불행하게 한다면 그걸 추구해야 할까?" 그러면 아이들이 대답합니다. "아니요!"

그렇습니다. 이렇게 자발적으로 판단하는 것이 진정한 행복이며 그것을 선택하는 과정이 바로 정의justice입니다. 정의라는 건 그리 거창한 게 아닙니다. 복잡하고 어려운 개념으로 정의되는 것도 아닙니다. 내가 행복하고 또한 '우리가' 더불어 행복할 수 있는 사회적 조건을 이해하고 따르는 것, 그것이 바로 정의의 바탕입니다.

이렇게 〈옹달샘〉이라는 동요를 가지고 정의가 무엇인지 살펴봤습니다. 물론 개념적으로 명확하거나 문자적으로 완전한 설명은 아닐 수 있어요. 하지만 정의의 본질을 이해하는 데에는 크게 무리가 없을 겁니다. 더 중요한 건 바로 다음 장면입니다.

자, 음악 시간이 끝났습니다. 쉬는 시간입니다. 운동장에 나가서 뛰어놉니다. 요즘은 그런 놀이를 별로 하지 않지만, 예를 들어 고무줄놀이를 한다고 상상해 봅시다. 노래가 필요하지요? 아까 음악 시간에 배운 동요 〈옹달샘〉을 부르며 놉니다. 그런데 그 노래를 부르거나 들을 때마다 아까 묻고 따지며 배웠던 내용들이 그대로 떠오르겠지요? 개념이나 원리로 배우고 머릿속에만 쌓아 두는 게 아니라 그 내용과 구체적 상황을 놀이를 통해 배우고 가슴속에 느끼겠지요. 그러면 앞으로 살아가면서 내가 어떻게 행동하는 것이 옳은지, 무엇이 정의로운지 늘 기억할 겁니다. 정의란 이렇게 우리가 실제로 살아가며 실천해야 하는 중요한 가치입니다.

작은 동요 하나를 배우고 익히면서도 많은 것을 생각해 볼 수 있었습니다. 이런 것을 '입체적 사고'라고 부를 수 있습니다. 그저 속도와 효율을 따져 문자적 지식만 습득하는 것은 그에 반해 '직선적 사고' 혹은 '평면적 사고'일 뿐이라서, 실제로 구체적인 상황과 맞닥뜨리면 내용과 흐름을 정확하게 인식하고 판단하지 못하기 쉽습니다. 따라서 다양한 시각과 생각으로 평소 느끼고 늘 의문을 품으면서 행동하는 것이 중요합니다. 정의를 떠올릴 때 이런 방식으로 접근해 보는 것은 매우 효과적일 수 있습니다.

자, 정의가 이젠 어렵거나 추상적인 것이 아니라고 느껴지나요? 그럼 우리는 벌써 목적지에 반쯤은 도달한 셈이네요.

강자에 굴복하면
정의는 없다

우리가 동요로 대화를 시작했으니 하나 더 다뤄 봅시다. 이 동요를 말하기 전에 다른 이야기 한 가지를 먼저 해보겠습니다. 이제는 다행히 제대로 바뀌기는 했지만, 몇 해 전만 해도 지하철을 탈 때마다 방송으로 나오는 문장이 나는 매우 거슬렸습니다.

나는 노란 안전선 '안에서' 지하철을 기다리고 있어요. 잠시 후 지하철이 역으로 접근하면서 방송이 나옵니다. "열차가 접근하고 있으니 안전선 '밖으로' 한 걸음 물러나 주세요." 나는 분명히 안전선 '안에서' 기다립니다. 그런데 방송에서는 안전선 '밖으로' 나가라는 겁니다. 만약 그 말대로 내가 따라 하면 어떻게 될까요? 그래서 다른 사람들은 어떻게 반응할까 살펴보았더니 그 말을 불편하게 여기는 이들은 별로 없는 듯, 태연하게 그대로 서 있습니다. 어쨌거나 그런 '사소한' 일에 소중한 목숨을 걸 수는 없는 까닭에 나도 그 말을 무시하고 그대로 안전선 '안에서' 기다렸다가 열차 문이 열리면 아무 일 없었다는 듯 시침 뚝 떼고 탑니다. 그러나 마음은 여전히 불편합니다. 하라는 대로 하지 않았으니까요. 그리고 그 말이 여간 불쾌한 게 아니니까요. 여러분도 그런 생각 해보셨나요?

그렇다면 왜 그런 방송이 나오는 걸까요? 왜 우리는 그걸 따져 보지 않는 걸까요? 이리저리 궁리를 해보니 가능성 있는 답이 보이더군요. 바로 기차의 입장에서 말하기 때문에 그렇습니다. 기차의 입장에서 보면 사람들이 안전선 '밖으로' 한 걸음 물러나 기다려야 안전합니다. 하지만 방송을 듣는 건 기차가 아니라 사람들입니다. 그런데 기차와 사람 중 누가 더 힘이 센가요? 당연히 기차겠지요. 그러니까 강자가 말하면 약자는 스스로 알아듣고 그 명령에 따르는 겁니다. 그래야 사는 거니까요.

이 대목이 무척 심각합니다. 사람들이 스스로 알아듣는다는 점 말입니다. 약자는 강자의 명령에 알아서 기는 겁니다. 우리는 이런 방식에 익숙합니다. 그래서 그런 명령에 별로 거부감이 들지 않는 겁니다. 나는 이게 매우 위험한 요소라고 생각합니다. 왜 약자는 강자에게 알아서 기어야 할까요? 그렇게 학습된 사람들이 과연 주체적으로, 내 삶의 주인이 되어 살아갈 수 있을까요? 옳은 일이라고 해서 끝까지 주장하고 실천할 수 있을까요?

기차와 연관된 이야기를 조금 더 해보죠. 예전에 기차역에서 목적지로 가는 기차표를 구입하려면 '표 파는 곳'에 가야 했습니다. 생각해 보세요. 내 돈 내고 내가 가고자 하는 곳에 갑니다. 당연히 구매자 혹은 소비자인 내가 주인입니다. 하지만 표를 파는 사람이 주인 행세를 합니다. 그곳이 '표 파는' 곳인 건 바로 그런 까닭입니다. 그러나 이제는 다행히 그 명패가 사라졌습니다. '표 사는 곳'에서 표를 삽니다. 비로소 소비자인 내가 주인이 되는 겁니다. 얼핏 보기에 사소하다 여길지 모르지만 이건 매우 상징적입니다. 그런 관점에서 '올바른 관계'를 제대로 맺기 위해서는 각자가 주인이라는 생각을 또렷하게 지녀야 합니다. 그게 없으면 정의도 한갓 휴지 조각이 되기 쉽습니다.

자, 그럼 다시 동요 이야기로 돌아갑시다. 지하철 사례를 들었던 또 다른 이유는 바로 지하철이 역에 접근할 때 함께 나오는 음악 때문이었는데 그 노래가 바로 동요 〈자전거〉입니다. 아마 그 동요를 틀어 주는 건 '따르릉 따르릉 비켜나세요'라는 가사 때문이겠지요. 얼핏 들으면 참 재미있는 노래입니다. 그런데 가사를 잘 새겨서 들어 보면 그렇지만은 않은 것 같습니다.

"따르릉 따르릉 비켜나세요. 자전거가 나갑니다, 따르르르릉. 저기 가는 저 노인 꼬부랑 노인. 우물쭈물하다가는 큰일 납니다."

노래의 등장인물은 두 사람인데 한 사람은 어린아이고 다른 한 사람은 할머니입니다. 둘 다 교통 약자지요. 그런데 두 사람만 비교해 보면 아이는 자전거를 타고 있으니 조금 강자가 된 셈입니다. 반면 할머니는 요즘 보는 우아한 할머니가 아니라 '꼬부랑' 할머니입니다. 약자가 더 약자가 된 거라 할 수 있겠지요.

그런데 이 어린아이가 뭐라 말합니까? "할머니 비키세요!" 그렇게 소리를 지릅니다. 심지어 협박까지 서슴지 않습니다. 우물쭈물하면 큰일 날 거랍니다. 만약 정말 사고라도 나면 어쩌지요? 아마도 이렇게 말할지도 모르겠어요. "거봐요 할머니. 아까 경고했잖아요. 우물쭈물하면 큰일 날 거라고." 그러니까 강자가 미리 경고를 했는데 그것을 무시했으니 그건 자기 책임이 아니라는 겁니다. 그걸 정의라고 할 수 있나요?

나는 이 동요의 가사가 조금 맘에 들지 않습니다. 제대로 되려면 이렇게 바뀌어야 한다고 봐요. 꼬부랑 할머니는 거동이 불편하고 동작도 굼뜹니다. 길을 건너실 때도 젊은 사람들에 비해 두 배나 시간이 더 걸려요. 그렇다면 가사가 어때야 할까요?

"할머니, 걱정하지 마시고 천천히 건너세요. 제가 기다릴게요." 혹은 이럴 수도 있겠지요. "할머니 전혀 신경 쓰지 마시고 가세요. 제가 다른 차도 가지 못하게 막고 있을게요." 그게 강자의 덕목입니다.

물론 어린아이니까 어르신에 대한 예의와 공경도 필요하겠지만 말입니다. 이 동요는 익살스러운 가사가 경쾌한 자전거의 이미지와 멋지게 어울리지만, 자칫하면 강자의 횡포를 빤히 보면서 아무런 문제의식을 느끼지 않을 수도 있다는 점에서 개운치 않습니다.

앞에서 〈자전거〉 동요를 통해 본 것처럼 우리는 알게 모르게 힘센 사람들에게 '알아서 기는' 삶에 어느 정도 길들여지고 익숙해져 있는 것 같습니다. 특히 우리는 여전히 가부장적이고, 집에서도 학교에서도 직장이나 사회에서도 철저하게 위계와 서열에 따른 상하 수직 관계가 너무나 흔하고 당연하게 여겨지기에 이런 현상에도 무감각해지기 쉽습니다. 그래서 강자의 횡포가 정의의 실현을 방해하는 아주 큰 요소라는 걸 못 느껴요. 그걸 느끼지 못하니 정의가 망가져도 잘 모르거나 비판하고 저항하지 못하는 것도 무리가 아니겠지요. 그러니까 정의를 실현하기 위해서는 최소한 두 가지가 필요하다 하겠습니다. 하나는 강자에게 알아서 기는 비겁함을 버려야 하고, 또 다른 하나는 부당하고 일방적인 상하 수직 관계에서 빚어지는 문제점들을 정확하게 인식해야 한다는 점입니다.

정의는 약자에게만 일방적으로 요구되는 것일 수 없으며 강자가 우선적으로 지켜야 할 사회적 가치입니다. 그러므로 정의의 본질은 강자가 약자를 보호하며 함께 인간답게 살아가는 것입니다. 그렇다고 해서 일방적으로 약자에게만 혜택이 돌아가는 것이 아닙니다. 약자에게도 정의를 지켜야 할 의무가 있습니다. 그러므로 강자에게 스스로 굴복하고 눈치를 보는 한, 그리고 그게 익숙해지는 한 결코 정의는 실현되지 않습니다. 정의가 실현되지 않으면 모든 사람은 각자아무리 노력해도 행복해질 수 없습니다. 정의는 선택이 아니라 필수니까요.

배려와 존중
그리고 연대

방금 전 '신중함과 배려, 그리고 공감과 연대'에 대해 설명하다 잠시 미뤘지요? 그런데 정의를 다루다 보니 행복도 정의도 오로지 나만을 위해서 아무 때나 아무것이나 선택하고 추구하고 누리는 게 아님을 알았습니다. 그 행복이 다른 이에게 어떤 영향을 주고 어떤 결과를 초래할지 생각해 봐야 합니다. 그 과정이 정의의 핵심입니다. 그러니 당연히 신중함과 배려 그리고 공감과 연대가 필수입니다.

우리가 같은 동네에 살거나 같은 학교를 다니는 건 엄청난 인연입니다. 물론 그래서 더 많이 다투고 갈등하고 때론 싸우고 미워할수도 있어요. 그러나 매사에 나만을 중심으로, 나만을 위해서, 다른

이는 고려하지 않고 내 이익이나 행복만 추구하는 것은 이기적이며 자칫 정의롭지 않은, 즉 불의한 일이 되기 쉽습니다. 그뿐 아니라 입장을 바꿔서 나를 배려하고 연대해 주는 이 또한 내 친구들이라는 점을 생각하면 결코 가볍게 판단할 일이 아니며, 내 마음대로 친구를 배척하고 따돌리는 건 어리석은 짓이겠지요. 우리는 서로 지켜 주고 배려하며 공감하고 연대하는 가장 가까운 '사회적 존재'입니다.

법과 질서를 지키고 따르는 사람은 손해를 보고 그것을 어기며 심지어 파괴하는 사람은 보란 듯이 잘 살 때 우리는 절망합니다. 그런 사회는 병든 사회입니다. 그런 사회에서는 어느 누구도 스스로 정의를 지키고 실현할 의욕을 갖지 못합니다. 정의를 외면하며 사적인 이익을 위해서라면 어떠한 비겁하고 야비한 짓도 마다하지 않는 사람들이 보란 듯 잘 지내면 그 사회에는 미래가 없습니다. 여기서 연대를 강조하는 것은 한 사람의 힘으로 병든 사회나 불의한 세상을 바꾸는 것은 어렵기 때문입니다. 연대야말로 우리의 미래를 바꿀 수 있는 가장 현실적이고 강력한 방법입니다.

이렇게 말하니 그런 일은 전부 어른들의 일인 것만 같지요? 과연 그럴까요? 예를 들어 학교에서의 집단 따돌림(왕따) 문제를 생각해 봅시다. 왜 그런 일이 벌어질까요?

나는 이 문제에 대해 먼저 어른들이 반성해야 한다고 여겨요. 여러분이 학교나 학원에서 따돌림이라는 걸 일부러 배우지는 않잖아요. 일단 그 원인은 어른들에게 있습니다.

예를 들어 어느 기업이든 열심히 일해서 돈 많이 벌고 싶어 하고 그런 노력을 기울입니다. 기업의 목적은 이윤을 내는 거니까요. 기업이 잘되면 일자리가 생겨나니 시민들에게도 도움이 됩니다. 그러나 대기업이라면 대기업이 할 수 있는, 즉 중소기업은 할 수 없는 큰 경제 시장에서 마음껏 능력을 발휘해야 하는데도 만만하게 보이는 골목 시장까지 넘보는 경우가 많지요.

대기업에서 동네에 슈퍼마켓을 낸다면 동네 구멍가게는 살아남기가 힘듭니다. 물론 더 좋은 물건을 더 싼 값에 제공하고 더 뛰어난 마케팅 전략으로 대응하면 되겠지요. 그러나 현실적으로는 어려운 일입니다. 그런 동네 가게를 살려내는 길은 주민들이 조금 불편해도 적극적으로 그곳의 물건을 구매하는 것입니다. 그러면 최소한의 공존과 경쟁이 가능해집니다. 이처럼 정의는 때론 법률적 보장보다 이렇게 우리의 배려와 공감에서 확보되는 것입니다. 그러므로 정의는 연대에서 비롯되는 것입니다.

이왕 시장에 관한 정의를 언급했으니 다른 예를 들어 봅시다. 여러분이 단체로 여행을 간다거나 수련회 또는 캠프에 간다고 칩시다. 대부분은 근처의 대형마트에서 필요한 물품을 구매하지요? 싸고 편리하니까요. 그래서 바리바리 짐을 꾸려서 떠납니다. 그런데 과연 그게 바람직한 일이기만 할까요? 물론 경제적 구매 행위는 필요합니다. 한 푼이라도 더 싼 곳에서 사는 건 필수적 경제 행위지요. 그러니 그걸 탓할 수는 없습니다. 시간도 돈도 절약할 수 있습니다. 그런데 정작 목적지에 가서는 살 게 없습니다. 미리 다 사뒀으니까요. 그럼 우리는 그저 그곳의 '장소성'만 빌리는 겁니다. 그곳에 아무런 경제적 도움을 주지 않는 거지요.

숙박비 등은 내지 않았냐고요? 물론 그건 냈지만 이왕 그곳에 갔다면 그 장소에 대한 고마움의 표시로 그곳의 주민 경제에 도움을 주는 것이 낫지 않을까요? 그곳의 재래시장을 찾거나 그 동네의 슈퍼마켓에서 구매하는 것도 좋겠지요. 싸면 얼마나 더 싸고 시간을 절약하면 얼마나 절약할까요? 그리고 그곳에 가서 그곳 사람들과 만나고 이야기하는 것도 중요한 경험입니다. 그러니 그곳 시장이나 가게를 찾는 것이 좋지 않을까요? 그런 게 연대의 방식입니다. 연대는 공감과 배려이며 정의의 바탕입니다.

내가
실천할 수 있는
정의

누구나 정의를 말합니다. 정의를 거부하거나 외면하는 사람은 없습니다. 그러나 자칫 추상적 개념으로 받아들이거나 나는 빼고 남들은 해야 하는 것쯤으로 여기기 쉬운 것도 사실입니다. 왜 그럴까요? 정의는 어른들의 문제고, 어른들이 정의를 지키지 않기 때문에 세상에 불의가 판을 치고 더러워진다고 생각하니까요. 그러나 정말 정의는 어른들만의 문제일까요?

갈수록 학교 폭력이 심해집니다. 사회문제가 된 지도 이미 오래되었습니다. 집단 따돌림(왕따) 때문에 심지어 스스로 목숨을 버리는 일까지 벌어집니다. '나는 아니야'라고 말하고 싶겠지만 이건 나와 너의 문제가 아니라 우리 모두의 문제입니다. 이 인식이 매우 중요합니다. 앞에서 '연대'를 강조한 것도 바로 이러한 인식의 문제 때문입니다.

왜 청소년들이 집단 따돌림을 벌이는 것일까요? 물론 누구나 마음에 맞는 사람, 좋은 사람, 나에게 잘해주는 사람과 사귀고 싶습니다. 그리고 마음에 들지 않는 사람도 있습니다. 그런 사람은 멀리하고 싶습니다. 자연스러운 일입니다. 하지만 마음에 들지 않는 사람이라 해도 그에게 폭력(여기서 말하는 폭력이 물리적 폭행만을 의미하는 것은 아니지요)을 행사할 권리도 필요도 없습니다. '필요'라는 낱말이 어색하게 느껴지나요? 당연히 그럴 겁니다. 하지만 실제로는 내 '필요'에 따라 그런 폭력에 가담하는 게 현실입니다. 내가 심리적으로 인정하고 싶지 않을 뿐입니다. 내가 인정하기 싫은 것은 외면하거나 심지어 왜곡하고 싶어집니다. 이 점을 분명하게 인지할 필요가 있습니다. 엄연히 그리고 분명히 존재하는 것을 외면하는 것은 문제의 해결에서 멀어지는 일입니다.

아마도 집단 따돌림이 본격화되는 것은 학기 초가 아닐까 싶어요. 새롭게 반이 편성됩니다. 가까웠던 친구들이 다른 반으로 갈리면 허전합니다. 새로운 친구들은 아직 낯설지요. 물론 얼굴도 알고 같은 학교에 다니고 있으니 모르는 사이는 아닙니다. 그래도 예전 같은 반 친구와는 다릅니다. 사람이 다 그런 건 아니지만 어떤 사람은 누군가로부터 인정받고 싶어 합니다. 자신의 능력을 과시하고 싶어 합니다. 예를 들어 스스로 힘이 세고 싸움을 잘한다고 여기는 사람은 그런 힘을 인정받고 그에 따른 대접을 받고 싶어 합니다. 그런데 그걸 누가 알아주나요? 어떻게 그것을 인정받을 수 있나요? 학교에서 모두가 인정하는, 여러분의 표현에 따르면 '짱'인 친구라면 모르겠지만 그렇지 않은데 힘으로 인정받고 싶어 하는 사람이라면 어떨까요?

처음부터 아무에게나 대들거나 싸우지는 않을 겁니다. 그건 위험 부담이 크다는 것을 아니까요(영화 〈말죽거리 잔혹사〉를 보면 힘의 서열을 정하는 싸움이 벌어지지요? 하지만 아무리 내가 힘의 랭킹이 높아도 상대에 따라, 그리고 컨디션에 따라 승패가 달라질 수 있으니 위험 부담이 크지요. 그래서 요즘은 이런 '서열' 다툼을 하지 않는 듯합니다). 그런데 누군가로부터 내가 힘이 세다는 걸 인정받고 싶습니다. 그래야 내 존재감도 느끼고 다른 아이들을 지배할 수 있다고 느끼니까요. 재빨리 학급의 친구들 가운데 힘이 약해 보이는 아이를 찾아냅니다. 흔히 '간 본다'고 하지요? 내가 어떤 짓을 해도 정면으로 맞서 싸우지 못할 아이를 찾아냅니다. 그래서 그 아이에게 손찌검 등의 폭력을 행사합니다. 그런데 그렇게 해서 무엇을 얻을까요? 싸움은 뻔하고 서열은 이미 정해진 거 아닌가요?

사람은 누구나 자신이 얻을 바에 따라 행동하는 습성이 있습니다. 아마 본능적인 건지도 모르겠습니다. 사실 그 힘없는 아이가 밉거나 직접적인 응징이 필요하기 때문은 아닐 겁니다. 다른 친구들에게 자신의 힘을 과시하는 겁니다. '나는 이런 사람이야. 그러니 내게 알아서 기어' 뭐 이런 의도겠지요. 야비한 일입니다. 나와 비슷한 친구와 경쟁하는 게 아니라 가장 약해 보이는 친구를 골라 못살게 굴어서 힘을 과시하는 일이니까요.

그런 모습을 보면서 우리는 어떻게 느끼나요? '저런 나쁜 놈이 있나!' 하지만 그건 속으로만 하는 말입니다. 실제로 내가 나서서 힘없는 불쌍한 친구 편에서 싸우거나 못살게 구는 친구를 비난하지는 않습니다. 왜 그렇죠? 첫째, 내가 그 피해 당사자가 아니기 때문입니다. 내 일이 아닌데 군이 내가 개입해서 일부러 힘든 일을 자초할 필요는 없겠지요. 둘째, 상대가 나보다 힘이 세기 때문에 내가 불리한 걸 알기 때문입니다. 하지만 그 못된 친구를 비난합니다. 물론 속으로 말이지요.

여기에서 우리가 주목해야 할 지점이 있습니다. '저런 나쁜 놈이 있나!'라고 분노했지요? 인간의 본성은 본디 선하다는 주장에 따르면 누구나 악행을 보았을 때 분노하고 비판합니다. 그럼 마땅히 선의 입장에 서야 하는데 현실은 어떤가요? 이 괴리(괴리라는 말을 쓰니 오히려 어렵고 '갭'이라는 말을 쓰면 빨리 알아듣겠죠?)가 우리를 갈등하게 만듭니다. 갈등은 좀 부정적이고 부담스러운 느낌의 말이지만 외면하면 안 되는 개념입니다. 머리 아프고 복잡하고 무엇보다 내가 판단하면 책임져야 하는 일이 부담스럽죠. 그러니 갈등은 피하고 싶어요. 하지만 누구나 어떤 나쁜 일을 보면 분노하는 마음이 생겨요. 그래서 속으로(속으로만!) 욕합니다. 그건 본성이기도 하지만 사실은 일종의 자기 합리화 혹은 자기 위안의 방식이기도 합니다. 속으로 뱉기는 하지만 어쨌든 나는 분노하고 비난하잖아요. 그럼 나는 저 나쁜 놈보다 아주 도덕적이고 정의롭다고 느껴요. 행동은 전혀 못 하면서 말입니다. 그 부끄러움이나 자책감을 속으로 하는 분노와 비난으로 덮고 싶겠지요.

그런데 시간이 지나면서 나의 갈등은 새로운 양상으로 다가옵니다. 시간이 오래 걸리지도 않습니다. 이미 교실은 가해자와 피해자로 나뉘기 시작합니다. 물론 그 수는 소수입니다. 대부분은 방관자지요. 내 일은 아니니까 굳이 개입하고 싶은 마음도 없습니다. 그러나 긴장은 묘한 상태로 지속되고 그 긴장이 불편합니다. 결국 선택해야 하는 순간이 옵니다. 그럼 누구를 선택할까요? 걸핏하면 매 맞고 욕 얻어먹는 약자인 친구 편에 설까요? 그러기는 싫습니다. 그게 얼마나 부당하고 비참한지 알고 있으니까요. 그렇다고 힘센 친구 옆에 붙어서 "난 애 편이야"라고 말하기는 좀 남세스럽죠. 그러면 어떻게 하나요?

가만히 보니 힘센 친구에게 맞는 약자인 친구가 뭔가 이상하거나 부족하다는 걸 찾아냅니다. 예를 들어 그 친구가 체육시간에 체육복을 입고 오지 않아서 체육 선생님이 벌로 운동장 한 바퀴를 돌게 했다고 칩시다. 그게 큰 벌도 아니고 선생님도 벌이라기보다는 마치 준비운동처럼 시키셨을 겁니다. 하지만 그 친구가 체육복을 입고 오지 않아서 다른 친구들이 벌을 받은 것이라 여기면 기분이 나쁘겠지요. 어쩌면 그 친구는 가정형편이 넉넉하지 않아서 학기 초에 아직 체육복을 구입하지 못했을 수도 있어요. 그런데 그런 것은 고려하지 않고 고려하고 싶지도 않아요. 또 이런 경우도 있겠지요. 수업이 끝날 때가 다 되었는데 질문을 해서 쉬는 시간이 줄어드는 상황 등 말입니다. 온갖 핑계가 다 보입니다. 그러니 그 친구는 비난받아 마땅하다고 여깁니다. 그 친구에 대한 동정심이나 측은함을 거둬들이는 거지요.

더 큰 문제가 바로 그다음에 이어집니다. 드디어 내가 누구 편인지 다른 친구들에게 보여 줘야 할 때입니다. 나는 피해자가 되고 싶지 않습니다. 물론 처음에는 가해자인 친구를 비난했지만 이제는 내가 어느 쪽인지 선택해야 합니다. 그런데 피해자인 약자 친구는 가해자인 강자 친구에게 저항하지 않는 것을 알았습니다. 사실 그 친구가 참는 건 나름대로 이유가 있을 겁니다. 괜히 덤벼 봐야 매만 더 벌 뿐이지요. 차라리 한두 대 맞고 끝내는 게 낫다고 나름대로 판단했기 때문일지도 모릅니다. 하지만 속으로는 분노와 모멸감을 지울 수 없습니다. 인간의 존엄이요? 같은 반 친구에게 이유 없이 폭력을 당하고 사람 취급을 받지 못하는데 그런 것을 지킬 수 있을까요? 사는 게 사는 것 같지 않을 겁니다. 속으로는 분노가 부글부글 끓습니다. 하지만 내 눈에는 그 친구가 맞대응하지 못하는 것만 보입니다. 자, 이제 상황 판단이 끝났습니다.

내가 힘센 친구 편이라는 걸 다른 친구들에게 보여 줘야 할 때입니다. 그래서 수모와 멸시 그리고 폭력을 당하는 친구에게 나도 슬쩍 시비를 걸어 봅니다. 처음부터 대놓고 때리지 않습니다. 그저 지나가면서 못 본 척 슬쩍 때려 봅니다. 그 일을 당한 약자 친구는 화가 납니다. 그러나 반응하지 않습니다. 괜히 일을 키우면 더 불이익을 당할지 모르니까요. 어쨌거나 처음에는 다행히(?) 나의 시도가 통했습니다. 그럼 이전의 내 마음과 비교해 봅시다. 폭력을 행사했던 친구에게 내가 지녔던 속마음 즉 '저런 나쁜 놈!' 했던 비난은 사라졌습니다. 내가 그 친구 편에 서야 하는데 비난할 수는 없으니까요. 그렇게 되면 나도 비난받게 되는 셈이니까요. 그럼 나는 어떻게 나를 정당화해야 할까요?

어떤 빌미건 내가 그 약자인 친구를 비난할 핑계를 찾아냅니다. 동작이 굼떠서 단체 행동할 때 불편을 끼친다거나, 농담을 알아듣지 못해서 썰렁하게 한다거나, 돈이 없어서 군것질할 때 뺀다거나 등등 온갖 핑계를 다 찾아냅니다. 그러면 내가 그 친구를 툭 치거나 욕했던 건 못된 짓이 아니라 응징 혹은 교도라고 생각하게 되는 거지요. 이 부분이 가장 위험합니다! 나는 약자인 친구에게 물리적 혹은 심리적 폭력을 행사했습니다. 나쁜 짓입니다. 그래서 처음에 다른 힘센 아이가 그 친구를 못살게 굴 때 속으로 비난하고 욕했습니다. 그런데 지금 내가 그 일과 똑같은 일을 하고 있지 않습니까? 이걸 거창하게 말하자면 '자아의 분열'입니다. 동일한 사건 혹은 사태에 대해 비일관적인 판단을 내리고 있으니까요.

어떤 내가 진짜 나일까요? 그런데 그런 고민은 불편하고 부담스럽습니다. 어차피 일은 벌어졌습니다. 내가 약자인 친구에게 폭력을 가했지요. 그런데 내가 한 짓은 폭력이 아니라 응징 혹은 교도라고 치부해 버리는 겁니다. 그래야 내가 편하니까요. 동일한 사건을 두고 내 편리에 따라 나를 정당화하는 것, 심리학에서는 그걸 바로 '인지 부조화'라고 부릅니다.

인지 부조화란 두 가지 모순되는 심리 인지 요소를 가질 때 나타나는 불균형 상태를 의미하는데, 그러한 불일치가 불편하기 때문에 심리적 안정을 찾기 위해 오류를 바로잡기보다는 생각을 바꿔 버리는 것을 뜻합니다. 쉽게 말해 일관되지 않은 자신의 심리나 인지 상태를 유리한 방식으로 합리화하는 것을 말하는 거지요. 누구나 자신의 잘못을 직시하는 건 부담스럽습니다. 그러나 그렇게 합리화하게 되면 잘못을 인정하지 않을 뿐 아니라 계속해서 그런 잘못을 지속하게 된다는 점에서 위험합니다.

이렇게 집단 따돌림에서 방관자였던 대부분의 친구들이 이러한 인지 부조화 상태에 빠지면 옳고 그름에 대한 판단 자체가 마비됩니다. 왜 우리가 교실에서 일어나는 폭력에 대해 무방비 상태가 되는지 조금은 이해가 되었나요? 어른들도 청소년들도 이 문제에 대해 크게 관심이 없는 것 같아 안타깝습니다.

단순히 가해자와 피해자의 이항구조로만 인식하는 것은 문제를 제대로 파악하는 것이 아닙니다. 이미 언급한 것처럼 정작 심각한 문제는 중간을 차지하는 다수의 방관자들에게 있습니다. 처음에는 욕하면서 자신들은 도덕적이라고 치장하고 나중에는 학대에 가세하면서 응징하거나 교도하는 것이라고 착각하는 이 이중적 잣대는 '건강한 중간층'을 송두리째 무너뜨리는 것입니다. 게다가 이들 청소년들은 곧 어른의 세대로 편입될 것인데 이렇게 인지 부조화에 빠진 이들이, 정의와 불의를 제대로 분별하지 못할 뿐 아니라 악을 정당화하는 데에 익숙한 이들이 어떻게 건강한 사회를 만드는 '새로운 물'이 될 수 있을까요?

적어도 학교 폭력 혹은 집단 따돌림의 문제는 청소년들이 직접 마주치는 문제이기 때문에, 이 문제를 어떻게 해소할 것인지에 대해 구체적이고 진지한 논의가 있어야 합니다.

학교는
연대를
훈련하는 곳

여러분과 함께 학교에 다니는 친구들은 대부분 같은 동네 혹은 이웃 동네에 삽니다. 같은 초등학교를 졸업했거나 같은 중학교를 함께 다녔거나 다니고 있습니다. 적이 아니라 친구입니다. 그런데 왜 친구들끼리 서로 패를 가르고 증오하는 것일까요?

일차적 책임은 어른들에게 있습니다. 강자에게 아부하고 약자에게 혹독하게 대하는 어른들, 남을 누르고 나만 살면 된다는 모습을 보이는 어른들, 상대의 말을 듣기보다는 자기 말만 강요하는 어른들의 모습을 보며 자연스럽게(?) 배우는 거니까요. 자칫 어른들을 불신하게 만들지도 모르는 말이지만 그렇다고 현실을 부정하거나 포장할 수는 없으니까요. 무엇보다 여러분도 어른이 될 거니까 어른으로서의 책임을 제대로 깨닫기 위해서라도 짚고 넘어갈 일입니다.

누군가 부당한 처우를 받고 있는 걸 보고 분노하지만 정작 나서서 그를 돕고 싸울 용기를 내는 건 결코 쉽지 않습니다. 어른들도 마찬가지입니다. 아니, 어쩌면 어른들은 더 힘들 수 있습니다. 왜냐하면 지켜야 하고 부양해야 할 가족이 있기 때문입니다. 그런데 그런 분노를 표시하면 가족들이 뭐라 하나요? 왜 남의 일에 나서냐고, 그래서 무슨 이익이 있느냐고 달래기도 하고 회유도 하면서 주저앉히는 경우도 많습니다. 비겁 때문만은 아닙니다. 소수의 약자가 대들고 따져 봐야 돌아오는 건 불이익뿐인 세상인 걸 너무나 많이 겪었기 때문입니다.

그러나 악과 불의가 두려워하는 것은 진실과 정의이며 총애하는 것은 두려움과 패배감입니다. 불의한 강자에게 '알아서 기는 것'은 부끄러운 일인데도 불구하고 그게 일반화되면 정의는 사라집니다. 어른들의 세상을 무조건 비판만 하는 것도 위험하지만 비판 의식 없이 그대로 따르는 것 또한 위험합니다.

그렇다면 여러분이 학교에서의 폭력과 집단 따돌림 같은 불의에 어떻게 대처할 수 있을까요? 내 일이 아닌데 굳이 나서서 힘든 싸움을 할 필요가 있을까요? 대부분 폭력을 쓰는 친구들은 주먹깨나 쓰는 녀석들이지요. 내가 그 친구들에게 부당하게 맞아도 맞서 싸우는 건 솔직히 부담스럽고 두렵습니다. 하물며 내가 아니라 다른 친구가 당할 땐 그저 옆에서 모른 척하거나 내가 그런 폭력을 당하는 희생자가 아니어서 다행이라는 생각이 먼저 듭니다. 자연스러운 일이지요. 그러나 그 자연스러움이란 겁과 두려움을 합리화하는 말이기도 합니다. 그렇다고 대안이 있나요? 솔직히 없습니다.

하지만 폭력을 쓰는 친구들보다 폭력을 쓰지 않는 친구들이 더 많습니다. 아무리 그가 힘이 세도 학급의 다른 친구들이 다 함께 힘을 합쳐 맞선다면 그 역시 상당히 부담스럽고 겁도 날 겁니다. 그건 그로서는 최악의 경우겠지요. 영국의 정치철학자인 토머스 홉스 Thomas Hobbes (1588~1679)는 《리바이어던》이란 책에서 계약이론을 설명하면서 이런 말을 합니다.

자연 상태에서 모든 사람은 '만인의 만인에 대한 투쟁'의 상태에 놓입니다. 인간은 서로 잡아먹으려는 이리와 같습니다. 강자가 약자를 잡아먹는 정글이지요. 그러나 아무리 힘이 세도 자신보다 더 큰 힘을 가진 존재 혹은 집단에 대해서는 그도 잡아먹히는 신세일 뿐입니다. 두렵고 불안합니다. 강자임에도 불구하고 그렇습니다. 누구나 생존에 대한 강한 원초적 욕망이 있으니까요. 또한 약자들도 강자가 빼앗아갈 자신의 몫에 대한 두려움이 있습니다. 게다가 외부에서 더 힘센 자들이 침략하면 꼼짝도 못 하고 다 뺏길 수밖에 없습니다. 그래서 계약을 합니다. 강자는 약자를 보호하고 약자는 그 대가를 지불하는 계약 말입니다. 그렇게 해서 군주와 백성의 관계가 만들어집니다. 조금은 거친 서술이라서 마음에 들지 않는 점도 있지만 중세 후반기, 아직은 왕의 권위가 신이 부여한 절대적인 것이라는 생각이 널리 퍼져 있던 시대라는 점을 고려하면 매우 파격적이고 대담한 발언입니다. 다만 홉스는 '정의'보다 '평화, 안정'이라는 가치에 더 무게중심을 두고 있는 것처럼 보여 아쉽기는 하지만, 온갖 전쟁으로 혼란스러웠던 그의 모국 영국의 상황을 고려한다면 이러한 성향도 어느 정도 이해할 수 있을 겁니다.

중세 후기와 근대 초기에 걸쳐 살았던 홉스의 대담한 발언을 새겨 본다면 현대에 사는 우리가 그보다 못해야 할 까닭이 없고 또한 그래서도 안 됩니다. 그렇다면 우리의 '계약'은 어떠한 것이어야 할까요? 또 어떤 과정을 거쳐 어떻게 성립해야 할까요?

폭력을 행사하는 강자는 아무도 자신의 폭력에 대해 비난하지 않고, 사람들이 힘을 합쳐 맞서지 않으면 자기 마음대로 할 수 있다고 착각합니다. 더 나아가 자신의 폭력을 자랑스러워합니다. 사실 다른 친구들이 모두 힘을 합쳐 대응한다면 폭력을 쓰는 그 친구가 오히려 따돌림을 당하는 겁니다. 물론 쉽지는 않습니다. 여기서 여러분이 착각하면 안 되는 것은, 강자의 힘을 인정하고 어느 정도의 몫을 떼어 주는 것이 당연하다고 여기는 겁니다. 그건 정의가 아닙니다. 강자건 약자건 모두 정의의 원칙을 따라야 합니다.

그렇다면 이런 건 어떨까요? 예를 들어 학급회의를 소집하는 겁니다. 집단 따돌림이나 학급폭력에 대해 토론하면서 자연스럽게 그런 폭력을 목격할 때 어떻게 행동해야 하는지를 함께 논의해 보는 겁니다. 혼자만 속으로 분노하고 속으로 삭이다가 나중에는 내가 피해자가 되지 않으려고 그 폭력에 가담하는 '상투적인' 방식에 빠지지 않아야 합니다. 그런데 이런 문제가 공적으로 논의되면 그게 비단 나 자신만의 문제가 아니며 침묵과 외면이 바로 폭력의 숙주(생물이 기생하는 대상으로 삼는 생물)임을 깨닫게 됩니다. 그렇게 해서 우선 주저나 두려움을 공적으로 벗어날 수 있어야 합니다. 서로 협의하여 그런 부당한 폭력에 대해서는 학급 전체가 비난할 수 있는 근거를 마련하는 것도 좋을 겁니다.

하지만 그마저도 쉬운 일이 아니겠지요. 모르는 바가 아닙니다. 이렇게 말하는 나도 그럴 것 같습니다. 그러나 쉽지 않다고 불의가 자행되는 걸 외면하는 건 옳지 않습니다. 따라서 함께 뭉쳐 맞서 싸울 용기를 모아야 합니다. 그게 어렵다면 집단으로 서명하여 학교에 청원하거나 담임선생님께 보고하는 겁니다. 그건 고자질이 아닙니다. 첫째는 폭력의 피해를 받는 친구를 위한 일입니다. 둘째는 바로 나 자신을 위한 일입니다. 혼자서는 맞설 수 없는 상대에 대항해 함께 힘을 합쳐 연대하거나 선생님이나 학교 같은 공적인 힘을 가진 권위에 의존하는 건 부끄러운 일도 아니고 어려운 일도 아닙니다.

정의, 나만 지키면 손해 아닌가요?

물론 그렇게 하려면 정당한 절차에 따라 모든 학급 구성원들의 합의와 동의를 얻어야 합니다. 이런 절차를 통해 자기 마음대로 폭력을 행사하려던 친구들도 자신을 성찰할 수 있는 기회를 가지게 됩니다. 이 점은 매우 중요합니다. 강자라고 언제나 강자인 건 아닙니다. 그도 자신보다 더 힘센 사람에게는 약자에 불과합니다.

정의란 그저 좋은 말을 '선언'하는 것이 아닙니다. 그 선언을 위해 모두의 생각을 모으고 실천하려는 의지를 표현할 수 있어야 합니다. 여러분이 학교에서 배우는 것은 단순히 좋은 대학에 진학하기 위한 공부만이 아닙니다. 요즘 시대에 그건 솔직히 학교보다 학원에서 배우는 게 오히려 더 효과적일지 모릅니다. 홈스쿨링의 방법도 있습니다. 그렇다면 학교에서 여러분이 체험하고 키워야 할 중요한 가치는 무엇일까요? 그건 바로 연대의 인식과 실천입니다. 청소년기에 그 연대를 훈련하고 익히지 않으면 평생을 홀로 고립된 채 온갖 불이익을 감수하고 살아야 할지 모릅니다.

그러므로 여러분은 반드시 학교생활을 통해 이러한 연대 의식을 공유하고 학습하며 실천하는 법을 배우고 익혀야 합니다. 비슷한 나이에 같은 지역에서 생활하면서 서로 폭력을 행사하고, 그것도 가장 약한 친구들을 괴롭히는 건 부끄럽고 불의한 일일 뿐 아니라 자신도 언제든 그러한 처지에 놓일 수 있다는 것을 망각하는 일입니다. 학교는 바로 연대를 배우고 실천하는 곳입니다.

가장 비겁한 짓은
동료를
학대하는 것

예전에도 학교마다 여러 폭력 서클이 있었습니다. 그동안 외면해 왔던 학교의 진실과 그 안에 갇힌 십 대들의 일상과 일탈을 사실적으로 그려 냈다는 평을 받았던 영화 〈말죽거리 잔혹사〉를 보면 학교에서의 폭력이 얼마나 심각했는지 돌아보게 됩니다. 물론 지금의 경우와는 조금 다르겠지요. 폭력이라는 점에서는 당시가 훨씬 더 거칠었습니다. 그러나 한 가지는 지금과 달랐습니다.

예전에는 폭력 서클에 누가 가입했는지 드러내 놓고 말은 하지 않아도 대강 짐작은 하고 있었습니다. 사실 그 친구가 같은 반이어도 크게 문제될 건 없었던 게, 적어도 자기 반 친구들을 괴롭히거나 금품을 갈취하는 일은 거의 없었습니다. 왜냐하면 그런 짓은 '양아치'들이나 하는 짓이지 의리로 뭉쳤다고 자부하는 그 서클의 멤버들에게는 여러분의 표현을 따르자면 '쪽팔리는' 짓이었기 때문입니다. 그래서 다른 반과 다투거나 서열을 따지며 주먹다짐을 하곤 했지요.

그런데 지금은 어떻습니까? 다른 반 친구에게 집단 따돌림의 폭력을 행사하나요? 자기 반 친구들이 그 대상인 경우가 대부분입니다. 왜 그럴까요? 어느 한 집단(예를 들어 학급) 내에서는 쉽게 서열이 정해집니다. 누가 강자고 약자인지 대충 파악이 됩니다. 그리고 그것을 인정받으려고 힘이 약한 친구를 본보기 삼아 못살게 굽니다. 집단이 커져도 마찬가지입니다. 학교 밖에서 다른 학교 학생들과 다투고 싸우지 않습니다. 상대를 파악하지 못한 상태에서 싸우는 건 위험 부담이 크기 때문입니다. 그러니 학교 밖에서도 자기 학교 학생들을 못살게 굽니다. 그게 안전(?)하니까요.

반면 예전에는 학교 밖에서 같은 학교 학우들을 괴롭히지 않았습니다. 그건 부끄러운 일이고 의롭지 않다고 여겼기 때문입니다. 그래서 싸워도 다른 학교 학생들과 싸웠습니다. 일종의 세력 다툼처럼 말이지요. 그러니 누가 폭력 서클에 가입한 친구인지 알아도 굳이 그 친구를 멀리하거나 미워할 일이 별로 없었습니다. 때론 그 친구가 밖에서 나를 지켜 줄 일종의 '마니또' 같은 역할을 하기도 했으니까요. 그래서 학교를 졸업한 뒤에 학생시절의 치기를 벗어나 성인이 되면 폭력 서클에 가입했던 친구들과 스스럼없이 지낼 수 있게 됩니다. 하지만 늘 함께하는 같은 반 친구에게 지속적인 폭력을 당한 경우라면 평생 잊지 못할 분노와 원한이 고스란히 남게 될 겁니다.

그러나 오해하지 말기 바랍니다. 어떤 경우든 폭력은 나쁜 일이지요. 다만 오히려 자신이 속한 집단의 동료를 집중적으로 그리고 거의 전적으로 괴롭히는 것은 상대적으로 더 야비한 일이고 사실 비겁한 일이지요.

예전에는 같은 학교에 다녀도 서로 다른 지역에서 오는 경우가 많았습니다. 그러나 요즘은 같은 학군에서 배정되는 까닭에 이사하는 경우를 제외한다면 거의 유치원부터 고등학교까지 같은 동네에서 나고 자라고 진학합니다. 그만큼 친밀한 관계가 또 있을까요? 그런데 그런 관계에서도 불의가 독버섯처럼 자라고 약육강식의 폭력이 난무한다면 얼마나 서글픈 일일까요? 만약 더 강하고 잔인한 자들이 나타나서 지배하고 통제하며 폭력을 쓴다면 과연 그걸 이겨 낼 수 있을까요? 연대는 훈련하지 않고서 하나의 선언으로 저절로 가능해지는 게 아닙니다.

왜 이렇게 자꾸 연대를 강조하느냐 하면 앞으로 여러분이 살아가야 할 세상에서 가장 중요한 힘이 바로 연대이기 때문입니다. 예전에는 80:20의 구조였다면 앞으로는, 아니 이미 현재는 99:1의 구조로 바뀌고 있기 때문입니다. 권력과 부는 세습되고 이른바 금수저를 물고 태어나지 않으면 인생이 바뀌는 건 이 상태에서는 불가능에 가깝습니다. 안타까운 일이지만 이렇게 한번 고착되면 회복하기 어려울 뿐 아니라 갈수록 악화됩니다. 1% 강자의 손에 99%의 운명을 내맡기고 살아야 합니다. 지금 여러분은 같은 동네 같은 학교에서도 연대하지 못하는데 그 1%의 절대강자에 저항하고 맞서 싸워 정의로운 사회 속에서 살아갈 수 있을까요? 학교에서 연대를 배워야 하는 건 바로 그러한 까닭입니다.

책으로도
연대가
가능하다

아마도 이런 말을 들으면 동의하지 않고 반론을 제기하고 싶은 이들이 많을 겁니다. 특히 선생님이나 어른들은 더욱 그럴 겁니다. 무슨 얘기냐면, 아이들이 어떻게 집단 따돌림을 저지르는지 누가 따돌림을 당하는지를 어른들은 잘 모르니 어쩔 수 없다는 것인데, 그건 옳지 않은 지적입니다. 조금만 관심을 가지면 어느 정도 눈치 챌 수 있습니다. 특히 선생님의 경우는 더더욱 그렇습니다. 어떤 학생이 가해자인지는 온전히 알 수 없다 하더라도 누가 피해자인지는 조금만 신경 쓰면 알 수 있습니다.

그런데 현실에서 선생님이 적극적으로 개입해서 문제를 해결하거나 개선책을 마련하는 경우는 뜻밖에도 많지 않습니다. 딱히 뾰족한 해법이 어른들로서도 없기 때문입니다. 이렇게 말하는 것이 안타깝고 두렵지만(그리고 '일반화의 오류'에 빠질 위험이 있음은 분명하지만) 그저 내가 근무하는 동안 아무 일도 없기를, 혹은 있어도 밖으로 드러나지만 않기를 바랄 뿐입니다.

솔직히 조금 신경을 쓰면 누가 피해를 당하고 고통 받고 있는지 알 수 있을 겁니다. 그런데 그 학생에게 해줄 수 있는 게 딱히 없습니다. 선생님은 이때 그 학생에게 다가가 말을 건넵니다.

"애야, 혼자 된 게 힘들지? 하지만 넌 고립된 게 아니라 고독을 누릴 수 있게 된 거라고 생각하면 어떨까? 고립은 타율적 고독이지만 고독은 자율적 고립이야. 네가 자율적으로 그것을 택하면 너는 당당하고 외롭지 않을 수 있어. 너 자신을 만날 수 있고 미래의 너를 만날 수 있으니까. 고독의 좋은 친구가 바로 책이란다. 너, 선생님이랑 이 책 같이 읽어 볼래?"

다른 친구들이 모두 자신을 외면하고 못살게 구는데 선생님이 자신에게 다가와 말을 걸어 주는 걸 싫어할 학생들은 별로 없겠지요. 그렇게 선생님과 책을 읽으면서 그 친구는 선생님과의 연대를 느낍니다. 책을 읽으면서 자신도 강화됩니다. 그뿐만 아니라 인지능력도 향상됩니다. 그러면 더 이상 혼자 있는 게 두렵지 않을 뿐 아니라 성적도 올라가고 태도도 의연해져서 더 이상 다른 친구들이 그 친구를 깔보거나 괴롭히지 않게 될 겁니다. 적어도 이전보다는 좋아질 겁니다. 게다가 스스로 강화되었으니 이제는 충분히 고난을 이겨낼 수 있습니다. 그리고 그것을 목격한 다른 친구들도 함께 책을 읽게 되면서 또 다른 연대를 경험하게 되겠지요. 연대라는 것이 반드시 손을 잡고 어깨동무하며 "내가 너를 지켜 줄게. 너도 내 곁에 있어 줘" 하는 것만은 아닙니다. 서로의 존재를 인정하고 함께 더 나은 삶을 추구하는 것 또한 연대의 중요한 의미이고 힘입니다.

책을 통한 연대의 중요한 실례가 있습니다. 바로 '한 도시 한 책 읽기One City One Book'라는 것인데 한 지역사회에서 기간을 정해서, 그러니까 예를 들어 1년에 한 권의 책을 골라 시민들이 함께 읽고 토론하며 다양한 문화 활동 등을 펼치는 것입니다. 그것은 단순한 문화 활동에 그치는 것이 아니라 '공통의 문화적 체험'을 통해 서로 소통하며 연대하는 방식입니다. 책 읽기를 통해 지역사회가 공감과 화합을 도모하는 것입니다.

그 일은 1998년 미국의 한 공공도서관에서 비롯되었습니다. 시애틀 공공도서관의 사서 낸시 펄이 제안한 것인데 '만약 온 시애틀이 같은 책을 읽으면 어떨까?'라는 생각이 그 시작이었습니다. 책 읽기를 통해 성숙한 시민사회를 만들면 좋겠다고 여긴 것이지요. 많은 이들이 이 운동에 공감하고 참여했고 좋은 결실을 거뒀습니다. 많은 미국의 다른 도시에서도 이 운동을 받아들였는데, 결정적인 것은 시카고 시였습니다. 미국의 여러 도시들이 이 운동에 참여하긴 했지만 대도시 시장이 직접 나선 것은 시카고가 처음입니다.

2001년 당시 시카고는 인종 문제로 골머리를 앓으며 어떻게 하면 그 갈등을 해소할 수 있을지 고민하고 있었습니다. 단지 피부색이 다르다는 이유 때문에 차별받는 것도 부당하고 그 때문에 반목과 갈등을 겪어야 하는 건 사회적으로도 큰 비용을 요구하는 일입니다. 시카고 시장은 온 시민이 함께 좋은 책을 읽으면 서로 공감하고 소통하여 화합할 수 있지 않을까 생각했습니다. 그렇게 해서 시카고 공공도서관이 함께 읽을 책으로 하퍼 리의 《앵무새 죽이기》를 선정했습니다. 시장은 시민의 참여를 호소하였고 자연스럽게 그 도시의 문화운동으로 자리 잡게 되었습니다. 인종차별에 대한 토론이 곳곳에서 이루어졌고 시민들의 의식이 변화했습니다. 비용은 고작 4만 달러밖에 들지 않았습니다. 그러니까 가장 적은 비용으로 가장 값진 일을 벌일 수 있음을 보여 준 것이지요. 하지만 진짜 중요한 것은 비용의 문제가 아니라 시민들이 함께 생각을 나누고 토론하면서 자연스럽게 공감과 연대를 깨닫고 실천하게 되었다는 점입니다.

이 책을 읽은 청소년들은 이미 알고 있겠지만, 소설은 미국 대공황기였던 1930년대 미국 남부 앨라배마 주의 한 소도시에서 벌어진 인종차별의 실태를 어린 소녀의 눈으로 고발한 작품입니다. 이 책은 '인권'이라는 인간의 가장 근본적인 권리에 대해 많은 것을 성찰하게 해주는 작품입니다. 자유와 평등의 진정한 가치와 그 실천이 무엇인가에 대한 반성을 저절로 일깨우는 작품입니다.

남들이 다 거부하는 피의자 흑인의 변호사인 아버지에게 마을 사람들은 노골적으로 반감을 드러냅니다. 딸이 아버지에게 묻습니다. "정말 검둥이 편이야?" 아버지는 딸의 질문에 대해 이렇게 말합니다. "상대방의 입장이 아니고서는 그 사람을 참말로 이해할 수 없단다." 인종차별의 극복을 넘어 인류의 보편적 가치가 무엇인지 말하고 있는 것이지요. 딸은 비로소 확신합니다. 마을 사람들이 잘못되었고 올바른 아버지는 그 모순을 깨뜨리기 위해 노력하고 있음을. 그리고 세상의 모순을 알게 됩니다.

소설 제목에 등장하는 앵무새는 사람들에게 아무런 해도 끼치지 않는데 사람들의 잘못으로 죽는 동물을 뜻합니다. 백인들의 편견과 아집 때문에 고통을 받아야 하고 심지어 목숨마저 잃는 일이 다반사였던 유색인종에 대한 차별, 그리고 소수의 소외된 이들에 대한 억압이 과연 어떠한 정당성이라도 지닐 수 있는지 묻고 있습니다. 이 소설을 함께 읽은 시카고 시민들은 자연스럽게 거기에 자신들의 모습을 투사하고 반성하며 공감할 수 있었습니다. 책 읽기가 고질적 인종 문제를 극복하고 관용을 나누는 사회 분위기를 만드는 데 크게 기여했다는 평가를 받았습니다.

학교에서 일어나고 있는 집단 따돌림이나 학교 폭력의 피해자도 바로 '앵무새'입니다. 함께 책을 읽으면서 그 부조리와 부당함을 스스로 깨닫는 것 또한 연대의 중요한 방식입니다. 다행히 우리나라에서도 '한 도시 한 책 읽기' 운동이 여러 도시에서 펼쳐지고 있습니다. 아직 책 읽는 문화가 뿌리 내리지 못해서 그 성과가 크다고 하기는 이르지만 여러분도 그런 운동에 적극적으로 참여해 자신의 지식과 교양을 쌓는 것은 물론, 지역사회와의 공감과 연대를 통해 보다 나은 사회를 실현하는 일에 관심을 가져 보면 어떨까요.

이렇게 연대할 수 있는 방법은 의외로 많습니다. 그런데 '정의'와 '연대' 등을 여전히 하나의 이념적 선언으로만 여기거나 누군가 앞장서서 외칠 때 뒤에서 응원하며 그 혜택은 자신도 누리려고 하는 소극적 태도만을 고수한다면 그것은 그저 헛된 구호에 그칠 뿐입니다. 나 자신이 실천할 수 있고 내 옆의 누군가와 그것을 함께 나누고 실현할 수 있는 방법들을 꾸준히 발견하고 실천하는 것, 그것이 바로 우리가 정의로운 삶을 살 수 있게 하는 태도입니다.

2장.

정의에 관한
이론들

정의란
약자 편에 서는 것
함무라비 법

모든 이들에게 정의는 공평하게 실현될 수 있어야 하는 사회적 가치입니다. 고대인들도 정의에 대해 생각했습니다. 현대인들보다 훨씬 비인격적인 환경에서 살았기 때문에 아마도 정의의 문제에 대해 심각하게 생각하지는 않았을 겁니다. 그러나 사람은 누군가와 더불어 살아가야 하는 사회적 존재라는 사실까지 무시할 수는 없었을 겁니다. 그런 모습을 우리는 함무라비 법전에서 찾아볼 수 있습니다.

현존하는 서양 법의 바탕은 바로 이 함무라비 법입니다. 로마법이 모범으로 삼아 따른 것도 바로 이 법입니다. 흔히 함무라비 법이라고 하면 '눈에는 눈, 이에는 이'라는 복수를 떠올릴 겁니다. 이른바 복수동태법復讐同態法, 즉 똑같이 복수해서 되갚으라는 뜻의 법 원리입니다. 얼핏 보면 좀 무시무시한 듯하지요. 눈을 뽑고 이를 부러뜨리라는 뜻으로만 여기니 그렇습니다. 하지만 여기에서 근본적인 문제를 깨달아야 합니다.

법은 과연 누구를 위한 것일까요? 강자를 위한? 아니면 약자를 위한? 강자는 법이 없어도 자신의 권리를 침해받을 일이 별로 없습니다. 그렇다면 법은 당연히 약자를 위한 것일 수밖에 없습니다. 약자의 권리를 사회적 규약으로 정해 놓은 것이 바로 법이기 때문입니다. 그게 진정한 법 정신입니다.

함무라비 법을 한 예로 들어 봅시다. 조정의 높은 관리, 예를 들어 총리대신이라고 설정해 봅시다. 그의 아들이 한 노예의 아이와 칼싸움을 합니다. 아이들은 어른들과 달리 계급과 신분의 차이를 덜 느낍니다. 그래서 함께 어울려 놀이도 합니다. 물론 아버지의 신분에 따른 차이는 어느 정도 있겠지요. 그래도 어른들처럼 노골적이진 않겠지요. 그런데 칼싸움 중에 노예의 아이가 휘두른 막대기가 총리대신 아들의 눈을 찌르게 되어 실명했다고 가정해 봅시다. 총리대신은 펄펄 뛰겠지요. 자기 아들이 얼마나 소중한데 눈을 잃었으니 그야말로 눈앞이 캄캄해졌을 겁니다. 화를 이기지 못한 총리대신은 자기 아들의 눈을 멀게 한 노예의 아들을 끓는 가마솥에 넣어 죽여 버립니다. 그래도 분이 삭지 않자 이번에는 그 가족들 모두, 그리고 심지어 일가친척들까지 모두 생매장해 버립니다. 그런 정도의 힘은 있으니까요. 그러면 어떤 일이 생겨날까요? 강자가 언제든 약자의 목숨마저 빼앗을 수 있는 사회에 대해 사람들이 믿음과 충성을 가질 수 있을까요? 언제든 기회만 주어지면 탈출해서 그 끔찍한 나라에서 벗어날 마음을 키울 겁니다. 그러면 그 국가나 사회는 곧 무너집니다.

그런데 함무라비의 법에 따르면 '눈에는 눈, 이에는 이'라는 조항에 따라 복수할 수 있는 한계를 잃은 눈에 제한합니다. 따라서 노예 아들의 눈을 빼는 것까지만 허용됩니다. 우리가 여기에서 주목해야 할 것은 '거기까지!'라는 겁니다. 즉 복수의 한계를 법으로 정해 놓은 겁니다. 눈을 잃었으면 상대의 눈을 빼앗는 것까지만, 이가 부러졌으면 상대의 이를 부러뜨리는 한도까지만 복수할 수 있다는 뜻입니다. 게다가 현실적으로는 그런 일도 벌어지지 않습니다. 판관이 이렇게 말하겠지요. "그대 아들의 눈을 잃었으니 그 일을 저지른 아이의 눈을 뽑으라. 하지만 그 아이의 눈을 뽑는다고 해서 그대 아들의 눈이 되돌아오지는 않을 테니 그 대신 낙타 두 마리를 받으라." 아마 이랬을 겁니다. 지금 보면 당연하고 현명한 평결이겠지만 철저한 계급사회에서 그런 평결은 혁명적이었을 겁니다. 그건 아마도 권력의 남용으로 인한 사회적 손실을 줄이기 위한 합리적 선택이었을 겁니다. 그게 바로 정의의 실마리입니다.

이러한 판단은 두 가지 면에서 궁극적으로는 사회적 이익으로 돌아옵니다. 첫째, 약자의 입장에서 보면 강자의 횡포를 막아 주는 사회적 규범이 생겼으니 그런 사회에 대한 믿음과 충성이 커지지 않겠습니까? 만약 힘이 강한 외부의 적이 그 나라를 침략하는 전쟁을 일으켰다면 자신처럼 약한 존재를 법으로 지켜 주는 나라를 위해 앞장서서 싸울 겁니다.

둘째, 만약에 노예 아들의 눈을 실제로 뽑았다면 어떨까요? 그 아이는 앞으로 살아가면서 생산적인 노동 활동을 하기 어렵습니다. 그것은 국력의 손실입니다. 그러니 그러한 노동력의 손실을 막는 것이 국가의 입장에서도 바람직한 것이지요. 그래서 배상과 보상으로 대신했던 겁니다. 이렇게 정의는 약자를 위한 것이지만 궁극적으로는 강자에게도 도움이 되는, 즉 모든 사람과 사회에 이익이 되는 가장 중요한 사회적 가치입니다.

정의를 지키는 건
강자의 몫
솔론의 개혁

고대 아테네에 솔론Solon(기원전 640~기원전 560 추정)이라는 위대한 정치가가 있었습니다. 그는 뛰어난 입법자였고 행정가였으며 또한 시인이기도 했습니다. 위대한 '7명의 현인'으로 추앙되는 인물입니다. 그는 빚 때문에 노예가 된 시민들을 해방시켰고 사람의 몸을 담보로 해서 돈을 빌려 주는 일을 금지시켰습니다. 지금의 관점으로 보면 당연한 일이겠지만 고대에 그런 정책은 무척 개혁적이고 놀라운 일입니다. 솔론은 정치적으로도 출신 성분 따위를 따지지 않았습니다. 배타적이고 독점적인 귀족의 특권을 제한하고 평민에게도 참정권을 부여했습니다. 재산의 소유 정도에 따라 차등은 두었지만 당시로서는 충격적인 일이었습니다. 물론 그의 개혁이 전체적으로 성공한 것은 아닙니다. 귀족과 평민은 여전히 대립적이었고 노예는 아예 거기에 낄 수조차 없었습니다.

그런데 우리가 흔히 말하는 '솔론의 개혁'이라는 결과물만 보아서는 안 됩니다. 그가 그런 개혁을 할 수밖에 없는 상황을 동시에 읽어 내야 합니다. 당시 아테네는 농민층의 붕괴가 빠르게 진행되고 있었습니다. 붕괴되는 사회에서 약자의 삶은 갈수록 악화될 뿐이었습니다. 당장 살아야 하니 자신의 땅을 부자들과 귀족들에게 맡기고 돈을 빌렸는데 그 이자가 엄청났습니다. 형편이 점점 좋아져도 그 빚을 갚기가 어려운데 계속해서 악화되니 갚는 것은 불가능해집니다. 그러면 이번에는 자신의 몸을 맡깁니다. 그래도 그 빚을 갚지 못합니다. 그러면 토지도 빼앗기고 자신도 노예가 될 수밖에 없습니다. 이런 상태에서 어쩔 수 없이 노예의 삶을 살지만 그렇게 될 수밖에 없었던 사회와 체제에 대한 분노와 절망은 점점 커져 갑니다.

다른 일반 시민들의 삶이라고 농민의 삶과 크게 다르지는 않았습니다. 귀족과 부자들만 갈수록 배를 불리는 사회가 되었습니다. 사회는 점점 더 가난해지는데 소수의 귀족과 부자는 더 부자가 되는 모순적 사회가 된 겁니다. 강압과 착취로 버틸 수 있는 데에는 한계가 있습니다. 이 상태를 그대로 두면 끝내 그 사회는 붕괴됩니다. 그런데 그 일이 일어나기 전에는 그걸 모릅니다. 아니, 모르고 싶습니다. 당장 그 일이 일어나지 않으면 긴장하지 않고 내 일이 아니면 상관없다고 여기기 때문입니다.

아테네는 위기였습니다. 이런 상황에서 등장한 게 바로 솔론이었습니다. 솔론은 이러한 위기를 극복하기 위해서는 귀족 부유층의 독점을 깨뜨려야 한다고 믿었습니다. 솔론 자신이 상인 출신이었기 때문에 그들의 패악을 잘 알고 있었습니다. 그는 혁명적으로 사회를 바꾸지 않으면 아테네가 곧 붕괴할 것임을 간파했습니다. 그래서 경제를 개혁했습니다. 대다수의 자유 농민이 노예로 전락한다면 아테네의 미래는 없다고 판단했기 때문입니다. 따라서 강제로라도 토지를 뺏긴 농민들에게 토지를 돌려주고 빚 때문에 노예가 된 사람들을 해방시켜 그들을 자유 시민으로 만들었습니다. 당연히 귀족과 부자의 반발이 거셌겠지요. 그러나 솔론은 포기하지 않았습니다. 노예로 전락하지 않게 되었다는 안도감과 고마움은 곧바로 사회와 체제에 대한 신뢰와 충성심으로 이어집니다. 그것을 토대로 다시 폴리스는 안정을 회복하고 강해졌습니다.

'솔론의 개혁'의 하이라이트는 튼튼한 시민 공동체를 마련한 것입니다. 각 계층의 권리와 의무를 정하고 그에 따라 자신의 일에 충실하며 동시에 사회를 강화시키는 체제를 만들었습니다. 부자들은 세금을 더 내야 했습니다. 대신 가난한 사람들의 세금은 덜어 주었습니다. 그는 엄격하고 냉혹한 법전을 사람들을 위한 법전으로 바꿨습니다. 그의 개혁은 쉽지 않았습니다. 모든 계층은 이러한 개혁에 불만을 가졌습니다. 하지만 동시에 모든 계층이 반발하지도 않았습니다. 그건 그만큼 그의 개혁안이 각각의 불만을 최소화하여 각자의 이익과 공동의 이익이 부합한다는 것을 인식할 수 있게 했기 때문이었습니다. 그는 이러한 자신의 개혁안과 새로운 법전을 돌에 새겨 모든 곳에 세웠습니다. 그것을 볼 때마다 사람들은 그 의미와 가치를 가슴에 새겼을 겁니다.

그런데 여기서 솔론은 뜻밖의 선택을 합니다. 아테네를 떠나기로 한 겁니다. 혹시라도 그 개혁에 대해 자신의 어떤 이익 때문이라고 생각하는 사람들이 있을까 봐, 그렇지 않음을 보여 주기 위해 아예 아테네를 떠나기로 한 겁니다. 대단하고 위대한 선택입니다. 불행히도 그의 개혁은 야욕을 가진 이들에 의해 갈등과 분열에 빠졌고 그가 죽은 후 참주(고대 그리스의 도시국가에서 비합법적인 방법으로 권력을 획득한 독재자)가 등장했습니다.

솔론이 과감한 개혁을 하지 않았다면 아테네는 빠르게 붕괴되었을 겁니다. 그가 죽은 후 참주가 등장했지만 그래도 아테네가 이전의 상태로 되돌아가지 않고 버텨 낼 수 있었던 건, 그럼에도 불구하고 그의 개혁 정신까지 온전히 지워 낼 수는 없었기 때문입니다. 한 사회나 국가가 혼란에 빠질 때 독재가 등장합니다. 지금도 그런 일은 전 세계에서 일어납니다. 우리나라도 지난 세기에 군인들이 쿠데

타를 일으켜 정권을 잡고 독재를 휘두르면서 내걸었던 논리가 바로 '혼란의 극복'이라는 사탕발림이었습니다. 그러나 솔론은 그 개혁의 결과를 자신의 이익으로 삼기는커녕 오히려 조금의 오해라도 벗어나기 위해 스스로 아테네를 떠날 정도로 고상한 인격을 지녔습니다. 그가 지금까지도 시대와 장소를 가리지 않고 존경받는 건 바로 그 때문입니다. 그는 어느 한 쪽의 편만 들지도 않았고 중용의 결정을 내렸습니다. 《플루타르크 영웅전》에는 그러한 솔론의 모습이 잘 그려져 있습니다.

"리디아의 크로이소스 왕이시여! 우리 그리스 사람들은 신의 은총을 특별히 받지 못했지만, 그래서 더욱 중용을 지키며 자신의 행복을 자랑하지도, 다른 사람의 행복을 시기하지도 않습니다. 사람의 인생이란 항상 변화가 심해 앞날의 일을 예측하기가 어렵습니다. 그래서 아직 살아 있어 운명의 장난을 벗어나지 못한 사람의 행복을 축하하기는 힘듭니다. 우리의 운명은 정해져 있지 않고, 언제 어떻게 바뀔지 누구도 알지 못하기 때문입니다."

솔론은 실제로 여러 세력들로부터 전제군주가 되어 달라는 부탁을 받기도 했습니다. 부자들은 솔론을 전제군주로 삼아 자신들의 이익을 지키려 했고 가난한 사람들은 부자를 통제해 자신들의 이익을 지켜 주기를 바랐기 때문입니다. 하지만 솔론은 어느 편에도 가세하지 않았습니다. 강자나 약자만 그런 제안을 한 것은 아니었습니다. 심지어 측근들까지도 군주제 역시 합법적인 정치 형태이며 지속적인 개혁을 위해서는 그래야 한다고 충고했습니다. 그러나 그는 그것도 거절했습니다. 그의 개혁이 '공정'과 '공평무사'에 근거한 것임을 분명히 밝히기 위해서였습니다. 그는 귀족들과 부자들의 권력과 재력에 굽히거나 타협하지 않았을 뿐 아니라 자신을 집정관으로 뽑아 준 민중들의 비위만 맞추려 하지도 않았습니다. 그는 오직 '다수의 이익과 아테네의 안전'만을 위해 선택했고 행동했습니다. 그런 솔론이 있었기에 아테네는 혼란과 분열을 극복할 수 있었습니다. 솔론의 이러한 태도가 바로 정의로운 행동입니다. 솔론은 이렇게 말했습니다.

> "피해를 입지 않은 사람이 피해자와 똑같이 분노할 수 있을 때 정의는 실현된다."

얼마나 날카롭고 정확한 지적입니까! 여러분도 학기 초에 폭력과 따돌림이 일어나는 것을 보았을 때 분노했습니다. 그러나 속으로만 분노했을 뿐 행동하지 않았습니다. 그리고 그렇게 분노하는 것으로 자신은 도덕적이고 정의롭다고 달랬습니다. 그러나 얼마 지나지 않아 그 폭력에 가세하면서 자신을 정당화했고 폭력에 가세하지 않았어도 내 일이 아니라는 이유로 외면했습니다. 솔론의 이 말은 여전히 지금 우리에게 고스란히 적용되며 살아 있는 명제입니다.

피해자와 똑같이 분노할 수 있다는 것은 바로 공감이고 연대입니다. 그리고 그 분노는 속으로만 삭이는 게 아니라 당당히 표현하고 피해자에게 손을 내밀어 힘을 보태 줄 때 비로소 올바른 가치를 갖게 됩니다. 그게 정의의 밑돌입니다. 피해자에 비하면 피해를 받지 않은 나는 강자입니다. 강자가 약자의 편에 서는 것, 그것이 바로 정의입니다. 그래야 언젠가 내가 피해를 받는 약자가 되었을 때 누군가 내게 손 내밀고 공감해 주며 연대하게 됩니다. 그게 정의의 위대한 힘입니다.

인간이
마땅히 가야 할
바른 길
공자의 정의, 맹자의 정의

동양사상의 뼈대인 중국철학의 뿌리는 공자孔子(기원전 551~기원전 479)입니다. 그는 유교 혹은 유학을 정립한 대학자입니다. 그리고 맹자孟子(기원전 372년 추정~기원전 289년 추정)는 공자의 사상을 계승하여 유학을 튼실한 큰 나무로 성장시킨 대학자입니다. 유학에서 정의에 대해 직접적으로 언급한 경우는 뜻밖에 그리 많지 않습니다. 그러나 그건 용어의 문제일 뿐 어떤 의미에서 보자면 가르침의 대다수는 바로 의義에 바탕을 두고 있습니다. 정의의 개념은 그 의 개념 속에 녹아 있습니다.

앞서 솔론의 경우에서 이미 본 것처럼 공자의 사상을 이해하기

정의, 나만 지키면 손해 아닌가요?

위해서는 그가 살았던 시대를 먼저 읽어 내야 합니다. 공자는 춘추 전국 시대의 사람입니다. 춘추전국 시대란 기원전 8세기부터 기원전 3세기에 이르는 고대 중국의 변혁 시대를 뜻합니다. 엄밀히 말하면 춘추 시대와 전국 시대로 나누어야 하는데 통칭해서 춘추전국 시대라 부릅니다. 춘추 시대에는 다섯 개의 패권 국가가 등장했고 전국 시대에는 일곱 개의 강국들이 서로 힘을 겨뤘습니다. 주周나라의 봉건제도가 해체되고 새로운 질서가 형성된 시기입니다. 끝없는 약육강식의 전쟁이 일어난 시대로만 이해하는 경우가 많은데 사실 이 시기에 혁명적인 변화가 있었습니다. 철기문화가 본격화되었고 가축을 농사에 이용하기 시작했고 심지어 논에 물을 대는 관개시설이 널리 퍼졌습니다. 당연히 생산력이 증대되었지요. 어쩌면 이러한 놀라운 생산력 증대와 철기문화의 일반화가 전쟁을 가속시켰다고 볼 수도 있습니다.

공자는 이 시기를 몸소 겪은 사상가입니다. 그는 끊임없이 당대 현실에 주목하고 고민했으며 그 해결의 방책을 모색했습니다. 공자가 가장 강조한 것은 바로 군자君子라는 개념입니다. 흔히 군자는 학식과 덕행이 높은 사람을 뜻합니다. 국어사전에 따르면 군자는 행실이 점잖고 어질며 덕과 학식이 높은 사람을 뜻하며, 또 다른 뜻으로는 예전에 높은 벼슬에 있던 사람을 이르던 말이라고도 합니다. 그러니까 군자는 누군가에게 존경받는 사람이겠지요. 그런데 왜 공자는 칼이 지배하던 춘추전국 시대에 뜬금없이(?) 덕을 강조하고 군자를 운운했을까요?

현실과 너무 동떨어진 이야기 아닌가요? 서로 칼을 들고 군사를 이끌며 조금이라도 더 많은 영토를 차지하려고 혈안인데 그 와중에 덕이니 군자니 하는 말이 얼마나 가당치 않았을까요. 게다가 주나라가 망하고 그걸 대체하고 재편하는 게 춘추전국 시대인데, 그렇게 몰락한 주나라를 이상적인 왕조라고 지껄이는 게 한심하고 시대착오적이라고 여긴 이들도 많았을 겁니다. 만약 내가 그때 그곳에 살았다면 그랬을 겁니다.

그런데 공자가 주나라를 일종의 이상 국가의 모범으로 말하는 건 까닭이 있습니다. 주나라는 백성들이 편하게 살고 사회는 질서가 잡혔다고 평가받는 국가였습니다. 경제적 번영과 정치적 안정이 국가를 유지할 수 있었습니다. 이것을 왕도정치라고 합니다. 그런데 춘추전국 시대는 패도정치가 세력을 떨쳤습니다. 패도정치란 인과 덕德이 아닌 힘으로 지배하는 정치입니다. 늘 전쟁이어서 사람들은 언제 전쟁터에 끌려가 목숨을 잃을지 모릅니다. 전쟁은 경제적으로도 삶을 어렵게 만듭니다. 불안과 공포의 시대입니다. 공자가 말하려고 했던 건 바로 백성이 안정적으로 마음 놓고 살 수 있는 사회와 국가였던 겁니다. 그러니 망가진 인과 덕을 회복해야지요. 그래서 주나라를 모범으로 삼았던 겁니다. 물론 이미 몰락한 국가는 몰락의 까닭이 있기에 그것을 모범으로 삼는 건 문제가 있을 수 있습니다. 그러나 주나라가 잘나갔을 때를 떠올리고 춘추전국 시대가 주는 불안정과 두려움을 버리고 그 사회의 시대정신을 회복하자는 겁니다. 공자가 말하는 정의란 바로 모든 백성이 마음 놓고 살며 바르게 살아가는 것이라고 해도 무방합니다.

이런 상황에서 공자는 군자의 도리를 실천하라고 강조합니다. 군자는 앞서 언급하며 일반적 의미 그리고 사전적 의미로 읽었지만 낱말 자체를 뜯어보는 것도 도움이 됩니다. 아니 도움이 되는 게 아니라 그게 본질이라고 봅니다. 군자의 '군君'은 임금이란 뜻입니다. 그래서 흔히 '임금 군'이라고 하지요. 임금이나 영주는 어떤 사람입니까? 지배하는 사람입니다. 그런데 공자는 그런 사람들에게 군자의 삶을 요구합니다. 그가 말하는 군자는 지배하는 사람(그래서 높은 벼슬을 하는 사람도 군자라고 불렀습니다)이 아니라 오히려 덕을 실천하는 사람입니다.

패권이 난무하고 전쟁이 흔하던 시절에 지배자들에게 군자의 덕으로 세상을 다스려야 한다고 주장한 것은 그런 국가와 사회가 정의롭다는 깊은 뜻을 담고 있습니다. 그런 의미에서 공자의 주장은 매우 대담하고 혁명적인 사상이었던 셈입니다. 후대로 가면서 통일왕조에서 자신들의 정치 체제를 공고히 하고 그에 대한 순응을 꾀하기 위해 효를 충의 개념으로 묶었던 탓에 사뭇 완고한 철학으로 굳어지게 된 것은 안타까운 일입니다.

공자는 의를 인간이 실천해야 할 가장 중요한 원리로 설명합니다.

"군자는 세상을 살아가면서 이렇게 해야만 한다거나 저렇게 하지 말아야 한다거나 하는 고정된 행동 원리를 갖는 것이 아니라 오로지 의를 따라 행동해야 한다(君子之於天下也 無適也 無莫也 義之與比)."

그가 말하는 군자의 의를 그대로 정의로 바꾸어도 크게 무리는 없을 것입니다. 남을 나처럼 생각하고 사랑하는 것이 인의仁義의 삶입니다. 자공의 물음에 대한 공자의 다음 대답은 그러한 생각을 보여 주는 대표적인 예입니다.

"내가 하고자 하지 않는 바를 남에게 시키지 말라(己所不欲勿施於人)."(《논어》〈위령공편〉)

내가 하기 싫은 일은 다른 사람도 하기 싫어합니다. 그것을 강요해서는 안 되지요. 내가 억압과 착취를 당하고 싶지 않으면 다른 이를 억압하고 착취해서는 안 됩니다. 이건 일종의 상호성 혹은 호혜互惠의 강령입니다. 호혜란 서로에게 이익이 되고 도움이 되는 것이라는 뜻으로 치우침 없이 모두가 한결같음을 전제하는 것입니다. 그건 바로 지금까지 우리가 언급했던 공감과 연대의 바탕입니다. 그리고 그것이 바로 정의의 뿌리입니다. 서로의 입장을 이해하며 용서하는 마음으로 다른 사람의 인격을 존중하며 사는 것이 사회적 삶입니다. 그런 의미에서 학교 폭력과 집단 따돌림은 내가 하기 싫은 것을 남에게 강요하고 있다는 점에서 가장 비겁하고 정의롭지 않은 패악입니다.

그럼 이번에는 맹자로 넘어가 봅시다. 맹자는 공자의 사상을 잇는 사람이지만 공자보다 더 적극적이고 구체적입니다. 맹자는 역성혁명, 즉 새로운 왕조가 기존의 왕조를 무너뜨리고 완전히 새로운 국가를 세우는 것을 주장했습니다. 이러한 주장은 17세기 영국의 철학자 로크John Locke(1632~1704)의 '저항권'보다 시대적으로 앞설 뿐 아니라 그 내용도 로크보다 훨씬 더 급진적입니다. 사실 맹자는 그 이유 때문에 대부분의 왕들이나 권력자들에게는 눈엣가시 같았습니다. 그래서 은연중 혹은 노골적으로 맹자를 멀리했습니다. 그러나 민심을 어기는 패악한 왕조에 대한 비판과 저항, 그리고 극복을 꿈꾸는 사대부들에게는 복음과도 같았을 겁니다.

맹자는 정의라는 개념에 대해서도 매우 적극적이고 진보적입니다. 어느 날 한 제자가 맹자에게 물었습니다. "스승님, 제나라 선왕이 이웃의 연나라를 정복하는 것이 정의로운 행위입니까?" 그 물음에 대해 맹자는 주저하지 않고 대답합니다. "그 나라 백성들이 기뻐하면 그것은 정의로운 정복이다." 이보다 명쾌하면서도 도도한 답을 하는 사람이 과연 얼마나 있을까요? 맹자는 늘 단호했습니다. 많은 사람들의 생각이 중요하다고 여긴 것을 요즘의 개념으로 바꾼다면 여론의 흐름과 반응에 민감해야 한다는 것이겠지요.

맹자가 생각하는 정의 혹은 의란 현실 사회 속에서 누려야 할 당위성을 가진 '마땅한 길'입니다. 맹자는 전국 시대 끝자락을 살았던 사람입니다. 사람들이 여전히 자신의 이익만 좇고 살았던 시대입니다. 그런 탐욕적인 세상에서 공자의 인과 의는 제대로 지켜질 리 없겠지요. 입으로는 그것을 떠드는데 행동은 욕망을 따라갑니다. 그래서 맹자는 보다 구체적 행동을 수반하는 사상을 추구합니다. 그것은 시대적 요구에 부응하는 것이기도 했습니다. 지긋지긋한 경쟁과 사상의 난립과 이단적 사상의 득세를 경계했습니다. 그래서 맹자는 단호하게 말합니다. "이익利益이 아니라 인仁과 의義가 있을 뿐이다." 이때 말한 인은 인간의 본성 혹은 본연의 모습이고 의는 그 실천 방안이라고 해석해도 무방할 것입니다.

맹자는 이런 말도 했습니다. "하늘은 사람을 창조하고 그 피조된 사람을 사랑하고 그리워해 모두가 잘 살기를 바란다. 그러므로 인간이 하늘과의 관계를 잘 유지하기 위해서는 그 뜻을 이어받아 사람과 사람이 사회 안에서 조화를 이루면서 살아야 하며, 그러기 위해서는 질서가 필요하게 된다." 따라서 그 뜻에 따라 사는 것이 바로 인이고 의입니다. 그게 바로 정의의 바탕입니다. 맹자가 역성혁명을 주장하니 그저 과격한 주장을 내세우는 학자로 여기기 쉽지만 맹자는 오히려 인간의 본성과 천하의 법칙에 대해 성실하고 진지한 조화를 추구한 사람입니다. 하늘에서 부여받은 인간 본래의 고귀한 모습을 잘 실현하는 길은 결국 하늘의 뜻과 내 뜻을 하나로 일치시키고 조화되게 하는 것이라고 맹자는 거듭 강조합니다.

맹자는 인간의 심성에 대해서도 매우 중요한 단서를 제공하는데, '거짓과 잘못을 부끄러워하고 그것을 미워하는 마음'이 바로 의에서 나온다고 했습니다. 인간이 불의를 미워하고 그러한 악행을 일삼는 폭력적인 독재자를 미워하는 것은 바로 그러한 까닭입니다. 따라서 그것은 정의의 추구입니다. 부끄러워하는 건 타인에 대한 것이라기보다 자신에 대한 것이지요. 따라서 정의란 타자의 불의에 대해서만 비판하고 증오하는 것이 아니라 자신의 허물에 대해서도 냉정하게 비판하고 그러한 허물을 부끄러워하는 마음에서 연유합니다. 그러므로 정의, 혹은 의는 단순히 밖으로 혹은 사회적으로만 요구되는 것이 아니라 내면으로 혹은 자아에 대해서도 그대로 적용되는 가치입니다.

정의에 대해서 내리는 판단은 사람마다 다르고 때와 장소 그리고 상황과 처지에 따라 다릅니다. 그러므로 정의를 어떤 하나로 명쾌하게 설명하고 규정하는 것은 어렵습니다. 그러나 기본적으로는 보편과 상식의 틀 안에서 받아들여집니다. 예를 들어 공자는 분배의 정의를 강조합니다. 가난은 불평등을 초래하는 사회 불안 속에서 갈수록 악화됩니다. 따라서 국가는 공정한 분배에 대해 엄하게 대해야 한다고 공자는 말합니다. 아무리 가까운 사이라도 법과 규정에 따라 공정하게 예산을 집행해야 하는 것 또한 그런 이유 때문입니다. 공자가 짧게 관직에 있을 때 제자인 염유와 자로를 엄하게 꾸짖은 일도 그런 이유에서입니다. 염유가 같은 제자인 자화가 공자의 심부름으로 제나라에 갈 때 비용을 넉넉하게(실제로는 좀 과하게) 준 것은 동료였기 때문에 배려의 마음으로 그랬던 것이지만 공자의 생각은 달랐습니다. 재정을 맡은 염유가 너무 퍼줬기 때문에 그런 것이 아니라 그러한 방식은 분배의 정의에 어긋난다고 여겼기 때문입니다. 그것은 특혜고 그렇게 누군가 특혜를 받으면 다른 누군가가 피해를 입을 수밖에 없기 때문에 불쾌하게 여긴 겁니다.

그랬던 공자가 이번에는 자사라는 제자에게는 900가마의 녹봉을 지급합니다. 꽤 많은 돈입니다. 얼핏 보면 이것은 매우 불공평한 것 같지요? 그러나 공자의 생각은 달랐습니다. 그가 심부름을 보냈던 자화는 부잣집 출신입니다. 그러니 굳이 그렇게 많이 주지 않아도 될 일이지만 자사는 매우 가난했기 때문에 넉넉한 녹봉을 책정했던 것입니다. 이것이 바로 내용에 따른 분배적 정의입니다. 여기서도 우리는 정의란, 강자보다 약자를 우선적으로 배려하고 지키는 것이라는 점을 알 수 있습니다. 겸손하고 착한 자사가 녹봉이 너무 많다고 사양하는데도 공자는 끝끝내 그 후한 녹봉을 받으라고 말합니다. 만약 개인적으로 받는 것이 부담스러우면 가난한 이웃들에게 나눠 줄 수 있지 않느냐고 반문합니다.

공자는 이렇게 차등적인 분배가 오히려 분배의 공정성을 제대로 확보하는 길이며 그게 올바른 정의라고 보았습니다. 심지어 흉년 때문에 수확이 준 상태에서 세금을 더 많이 거둔 염유는 파문까지 당합니다. 또 가난한 주민이 죽었는데 빈소를 차리지 못해 힘들어하자 자신의 집에 빈소를 차리게 한 일도 있었습니다. 여기서도 우리는 정의의 바탕이 약자에 대한 배려와 공감이라는 점을 새삼 확인할 수 있습니다. 학우들에게 집단적으로 따돌림 당하고 비인격적인 대우를 받는 친구들은 강자가 아닙니다. 그들은 약자입니다. 따라서 약자의 편에 서지 않고 강자의 편에 서서 그의 힘에 가세하는 것은 가장 불의한 일입니다.

이렇게 동양사상에서의 정의는 인간으로서 마땅히 지키고 따라야 할 바른 길이며 옳은 일이라는 걸 알 수 있습니다.

스승과 제자,
국가와 시민의 덕목을
달리 논하다
플라톤과 아리스토텔레스의 정의

앞서 공자를 만날 때 여러분은 살짝 긴장 좀 했지요? 유명하고 게다가 고전적인 대학자들의 이론을 들으면 누구나 긴장해요. 어려울 것 같고. 어른들이 '공자가 말씀하시길' 하며 입을 열거나 '플라톤에 따르면' 하는 등등의 말을 할 때마다 그 권위의 무게가 상당하게 느껴져서 더 그랬을 겁니다. 하지만 공자나 맹자가 말하는 내용이 사실 그리 어려운 것은 아니었지요? 오히려 너무나 보편적이고 평범해서 쉽게 이해할 수 있었고, 더군다나 핵심을 찌르는 것이어서 반갑기까지 했을 겁니다. 그러니 플라톤이나 아리스토텔레스 등의 이름에 괜히 심장까지 쫄밋거리며(흔히 심장이 '쫄깃쫄깃해진다'라는 표현을 쓰는데 그것은 잘못된 표현입니다. '쫄깃쫄깃'은 '씹히는 맛이 매우 차지고 질긴 듯한 느낌'인 '졸깃졸깃'의 센 말입니다. 그에 반해 '쫄밋거리다'는 '저린 듯하게 자꾸 떠들렸다 가라앉았다 하다'라는 뜻입니다) 권위의 무게에 눌릴 까닭이 없습니다.

여러분은 플라톤Platon(기원전 427~기원전 347) 하면 뭐가 먼저 떠오르나요? 반사적으로 '이데아'가 떠오를 겁니다. 이데아를 알고 모르고는 논외로 치더라도 말이지요. 정의에 대한 논의에서 조금 벗어난 것이지만 적어도 플라톤이 왜 이데아를 주장했는지는 알아야 할 것 같아서 아주 간단하게 설명하겠습니다.

여러분이 알고 있는 것처럼 플라톤은 소크라테스의 제자입니다. 소크라테스의 죽음에는 소피스트가 관련돼 있습니다. 소피스트들은 자연의 이치를 탐구했던 이전의 자연철학과는 달리 논의의 중심을 인간에 두었습니다. 소피스트들이 철학과 사상에 미친 영향과 성과는 결코 무시할 수 없습니다. 논리학이나 수사학 등의 발전은 그들이 있었기에 가능했으니까요. 그리고 현실에 도움이 되는 여러 학문들을 발전시킬 수 있었습니다.

그러나 심각한 문제가 있었는데 그것은 바로 상대주의였습니다. 상대주의는 절대주의에 반대되는 개념으로 어떠한 절대적 진리나 가치가 있는 게 아니라 그것을 정하는 기준에 따라 가치가 달라진다는 것입니다. 절대주의는 아무래도 기존의 권력을 가진 사람들에게는 매력적입니다. 하지만 상대주의에서는 그런 것이 유지되기 어렵습니다. 그런 면에서는 건강한 점이 있습니다. 그러나 윤리의 영역에서는 심각하고 치명적인 문제를 안고 있습니다. 사회적 존재로 살아가는 사람이라면 자신의 행위에 대해 사회 규범에 따라 평가를 받고 책임을 져야 하는데 상대주의에서는 그러한 규범의 당위성도 인정하지 않기 때문입니다. 그러면 아무도 자신의 행위에 책임지지 않는 상황이 악화되고 결국 그 사회는 윤리적으로 타락할 수밖에 없습니다.

소크라테스는 소피스트들의 그러한 위험을 지적했고 비판했습니다. 결국 소크라테스가 당시 권력을 쥔 소피스트의 후예들에게 처형되었다고 생각한 플라톤으로서는 상대주의를 타파해야 할 제1의 적이라 여겼을 겁니다. 그래서 절대적이고 불변하며 보편적이고 더 나아가 필연적인 진리와 가치가 정립되어야 한다고 확신했던 것입니다.

만약에 어떤 본질이 물질 안에 있다면 어떻게 될까요? 물질은 변화합니다. 생성되고 소멸하지요. 그러면 그 본질도 사라지겠지요? 그건 절대적이지도 불변하지도 보편적이지도 않습니다. 따라서 그것은 물질 밖에 있어야 하고 그 물질의 바탕을 마련하고 지배할 수 있어야 합니다. 철학적 용어로 말하자면 그것은 '초월적으로 존재' 합니다. 플라톤은 진리도 가치도 아름다움도 모두 그렇게 초월적인 것이라 여겼습니다. 그 초월적인 것이 바로 이데아입니다. 물질적인 것은 감각으로 수용합니다. 그러나 감각 또한 믿을 수 없습니다. 예를 들어 직선인 빨대가 물이 담긴 유리컵에서는 꺾여 보입니다. 착시현상이 생깁니다. 그러므로 감각으로 습득한 지식은 보편적일 수도 절대적일 수도 없습니다. 따라서 이데아는 감각이 아닌 이성에 의해 파악될 수밖에 없습니다. 좀 어렵나요? 하지만 앞뒤 맥락과 흐름을 짚어 보면 대략적인 의미는 이해할 수 있을 겁니다. 여러분이 지금 플라톤 사상 자체를 온전히 이해한다는 건 무리이기 때문에 이데아가 도대체 왜 튀어나오게 되었는지에 대해서만 설명한 거니 그걸 외우려 들거나 지식으로 접근할 필요는 없습니다.

그럼 플라톤은 정의의 이데아를 어떻게 여겼을까요? 정의에 대한 플라톤의 사상은 그의《국가론》에 잘 나타나 있습니다. 플라톤은 정의에 대해 직접 설명하지 않습니다. 플라톤이 정의를 국가의 문제를 다루면서 언급한 것은 매우 의도적인 것이라 여겨집니다. 플라톤은 사람을 소우주로 보았습니다. 우주는 질서정연한 것이지요. 따라서 인간도 질서정연한 구성과 조화 속에서 존재해야 합니다. 국가는 바로 그런 인간이 만들어 낸 사회적 구성물입니다. 따라서 완벽한 조화와 질서를 갖춰야 합니다. 플라톤은 여기에서 윤리적 접근을 시도하는데 그게 바로 4주덕 즉 네 개의 기둥이 되는 토대라고 비유합니다.

플라톤의 4주덕을 알기 위해서는 일단 그의 '덕'이라는 개념에 대해 알아야 합니다. 우리는 일반적으로 덕이라고 하면 덕성, 덕목 등이 먼저 떠오를 정도로 덕을 일종의 윤리적으로 가치 있는 어떤 것이란 의미로 사용하는데 반해, 플라톤은 덕을 영혼의 탁월한 어떤 능력이란 의미로 사용했습니다. 그리스 사람들은 고대 중국의 철학자들과는 달리 덕을 '탁월성'으로 이해했는데 그리스어 아레테[arete]라는 말이 그것입니다(이 낱말에서 영어의 art가 비롯되었고, art라는 말에 지금도 '기술'이라는 의미가 담긴 건 그러한 까닭이기도 합니다). 각자의 아레테를 충실히 발휘해야 하는 것이 인간의 도덕적 의무입니다. 그러면 네 개의 덕은 과연 어떤 것일까요?

사람은 머리와 가슴 그리고 손발을 지녔습니다. 그리고 각각은 서로 추구해야 할 몫이 있습니다. 예를 들어 손발은 움직여서 무엇인가를 생산합니다. 국가도 이러한 존재가 필요합니다. 이른바 생산계층입니다. 이들에게 필요한 덕목이 있는데 그게 바로 절제입니다. 가슴은 뜨겁게 반응합니다. 가슴의 몫을 수행하는 건 자신을 지켜야 하는 계층 즉 군인계층입니다. 이들에게 필요한 덕목은 바로 용기겠지요. 머리는 사고하고 판단합니다. 국가도 설계와 지휘를 맡은 현명한 사람이 필요합니다. 이들이 정치인입니다. 이들에게 필요한 덕목은 이성과 지혜입니다. 이러한 모든 것이 일사불란하게 조화를 이룰 때 비로소 그 국가와 사회는 건강합니다. 그리고 이러한 모든 덕목이 조화를 이룬 것이 바로 정의입니다.

플라톤은 정의를 직접 서술하지 않고 이렇게 중요한 가치가 질서 있게 조화를 이룬 상태를 정의라고 규정했습니다. 플라톤의 정의란 각자의 위치에서 '지혜, 용기, 절제'를 조화롭게 발휘하는 것입니다. 그건 국민 하나하나가 정의로울 때 정의로운 사회와 국가를 이룰 수 있다는 의미입니다. 정의를 각 개인이 독립적으로 지켜야 할 덕목이 아닌 각자 맡은 사회적 임무를 조화롭게 수행하는 것, 즉 사회적 규범의 바탕으로 본 것이라 이해할 수 있겠습니다.

분명히 플라톤은 정의의 상대성을 주장하는 소피스트들에 맞서 정의에 관한 본격적 탐구를 시작한 사람임은 틀림없습니다. 그런데 흥미로운 건 소피스트들이 왜 정의에 대해서도 상대성을 주장하게 되었는가 하는 것인데, 여기에서 해양문명을 토대로 한 고대 그리스의 지형적 특성을 무시할 수 없습니다. 시대의 변화에 따라 다른 여러 나라들과 교류하면서 자연스럽게 사회적 환경도 바뀌었을 것이고 정의의 절대성마저 바뀌었을 것입니다. 그렇게 자신들의 정의를 절대시할 수 없게 된 현실 요인이 있었던 거지요.

그러나 앞서 언급한 것처럼 플라톤은 상대주의가 가진 폐단을 명확하게 인식하고 있었기 때문에 이러한 책임 회피적 논리를 받아들일 수 없었던 거지요. 아마도 그래서 개인의 문제가 아니라 사회 체제라는 관점에서 정의의 문제를 다룬 것이 아닌가 싶은 생각이 듭니다. 즉 플라톤이 말한 정의는 '국가'의 정의, 혹은 사회의 정의입니다. 각자가 맡은 바 일에 힘쓰며 서로 조화를 이룬 상태가 정의라는 건 개인의 덕목과 사회적 책무를 동시에 담아내기 위한 방식이라고 할 수 있겠지요.

그러면 플라톤의 제자인 아리스토텔레스Aristoteles(기원전 384~기원전 322)는 정의를 어떻게 바라볼까요? 플라톤이 물질과 감각을 초월한 이데아를 설정하고 모든 것을 거기로 수렴시키는 것과는 정반대로 아리스토텔레스는 실제로 존재하는 건 물질 그 자체이며 각 사물이 그 최종적 존재물이라고 보았습니다. 스승과 제자가 이처럼 완전히 다르다는 게 놀랍기는 하지만 사실 매우 바람직하기도 하고 본받아야 할 점이기도 합니다. 무조건 윗사람의 생각을 따르는 게 좋은 건 아니지요. 그렇다면 발전은 없으니까요. 여러분도 이 점은 늘 기억하길 바랍니다.

스승과 제자가 정반대의 주장을 하는 건 특이한 경우지만 살아온 환경과 추구하는 방향이 달라서 그렇기도 합니다. 귀족인 플라톤과는 달리 아리스토텔레스는 마케도니아 군주의 주치의인 아버지를 둔 까닭에 매사 구체적이고 논리적인 것들을 중시하는 태도를 갖고 있습니다. 그가 스승의 이데아에 동의하지 않은 건 '생성, 소멸 그리고 변화'에 대해 아무런 설명도 할 수 없다고 여겼기 때문입니다. 나중에 여러분이 시간이 나거나 좀 더 컸을 때 반드시 이 두 사람의 철학과 사상에 대해 자세한 내용을 읽어 보기 바랍니다. 아리스토텔레스는 구체적인 삶과 그 삶의 주체인 각 개인의 존재 자체를 설정하지 않으면 문제가 생긴다고 여겼습니다. 우리가 윤리적 행동을 하는 까닭은 누구나 그 행동이 옳다고, 좋다고 느끼기 때문이고 각자의 행동에 대해 각 개인이 책임을 져야 하는 겁니다. 플라톤의 이데아론을 극단적으로 따르게 되면 '내'가 아니라 '인간의 이데아'가 주인이 되는 것이니 행동의 최종적인 책임자 문제도 사실 모호해질 것입니다.

플라톤은 윤리적 가치에서도 절대적인 것, 즉 '선의 이데아'를 설정했지만 아리스토텔레스는 그것을 전혀 따르지 않았습니다. 윤리와 도덕이란 일종의 '좋은 습관'이며 그 내용은 바로 행복이라고 보았습니다. 누구나 행복을 추구합니다. 따라서 윤리와 도덕이 추구하는 궁극은 행복입니다. 그런데 사람은 사회적 존재('인간은 사회적 동물이다'라고 말한 사람이 바로 아리스토텔레스였습니다)이기 때문에 자신의 행복만 추구하며 살 수는 없습니다. 서로에게 득이 되는 행복이어야 합니다. 그 바탕이 바로 정의입니다.

아리스토텔레스에게 정의란 '법을 지키며 이득과 손실에 있어서 마땅한 것 이상이나 이하를 가지지 않으려는 탁월한 품성 상태'를 말합니다. 올바름은 법을 지키는 것이고 또 공정한 것이며, 올바르지 않음은 법을 지키지 않는 것이고 또 공정하지 않은 것이라는 생각입니다. 그리고 정의에는 규정이 따라오는데 그 일반적 규정의 개넘이 바로 준법과 공정성입니다. 이러한 두 개의 기준에 따라 전체적인 덕으로서의 정의와 부분적 덕으로서의 정의가 구분될 수 있습니다. 아리스토텔레스는 《니코마코스 윤리학》에서 '중용의 덕'을 강조합니다. 중용이란 어느 한쪽에 치우치지 않으며 모자라지도 넘치지도 않는 것을 뜻합니다. 그것은 균형의 상태입니다. 그러한 균형의 상태가 개인이건 사회건 하나의 품성으로 자리 잡아야 비로소 정의가 실현됩니다.

아리스토텔레스는 정의의 기본적 방향과 이념에 대해서는 플라톤의 입장을 상당히 계승하는 편입니다. 정의를 국가 안에서, 인간의 유대라는 관점에서 이해하고 판단해야 한다고 본다는 점에서는 그렇습니다. 즉 넓게 보자면 법에 따라 행동하는 것을 정의의 기본으로 삼는 것이지요. 그런데 우리가 아리스토텔레스의 정의에서 주목해야 하는 부분은 넓은 의미의 정의와는 별개로 좁은 의미의 정의를 다루고 있다는 사실입니다. 그는 평등 혹은 균등을 매우 중요한 가치로 보았습니다. 특히 분배에서의 정의 문제를 강조합니다. 그에 따르면 정의는 각 개인에게 정당한 몫을 부여하는 보편적 의지입니다. 평등과 차등에 대한 정밀한 분석과 판단을 토대로 해야 정의가 이루어진다고 말합니다.

사람들은 서로 협력도 하지만 경쟁도 하며 살아갑니다. 그리고 서로의 요구 사항도 다릅니다. 그런 요구에 대해 일방적 강요도 부당하며 일방적 수용도 정당하지 않습니다. 적정한 균형을 확립해야 하는 것이 그래서 필수적입니다. 그래서 시민들이 미덕을 키우게 하고 좋은 삶을 사는 법을 터득하도록 반복적으로 훈련해야 합니다. 그렇게 각자 고유한 능력과 미덕을 개발하며 공동선을 고민하고 공동체 전체의 운명을 걱정하는 것이 바로 정의의 바탕입니다. 평등의 분배와 더불어 차등의 분배가 공정하게 이루어져야 정의가 마련됩니다. 즉 시민으로서의 덕목이 탁월하고 공동선을 위해 가장 많이 노력하는 사람에게 더 많은 분배를 하는 것은 정의롭습니다. 사회적 지위나 경제적 능력이 아니라 시민적 자질을 기본으로 삼는다는 건 그가 정치와 정의를 불가분의 관계로 인식하고 있다는 점을 뜻하기도 합니다.

플라톤과 아리스토텔레스의 사상은 매우 크게 다른데도 정의의 문제에서는 사실 그리 크게 다르지 않은(물론 설명의 방식이나 인식의 태도는 다르지만 내용에서는 그렇다는 뜻입니다) 것은 정의가 그만큼 구체적이고 현실적인 문제이기 때문이기도 하며 동시에 보편적 가치이기 때문이겠지요. 어쨌거나 플라톤과 아리스토텔레스의 이러한 생각은 서구인들에게 아주 오랫동안 영향을 미치고 있기 때문에 더욱 주목해야 할 것입니다.

자유로운 개인을
더욱 자유롭게 하는
의무
칸트의 정의

철학자 칸트Immanuel Kant(1724~1804)의 이름을 들어 보지 못한 사람들은 별로 없을 겁니다. 청소년 여러분도 그의 이름은 들어 봤을 것이고 곧 교과서에서도 만나게 될 겁니다. 그런데 막상 어른들도 그의 철학을 제대로 아는 경우는 많지 않습니다. 심지어 대학을 졸업한 어른들까지 말이지요. 왜 그럴까요? 그리고 왜 그렇게 제대로 알지도 못하면서 그의 이름은 들먹이는 걸까요?

칸트를 이해하기 어렵다고 느끼는 건 우선 그의 철학체계 전체가 매우 방대하고 치밀해서 어느 하나만 이해하고서는 연결 짓기 어렵기 때문입니다. 예를 들어 《실천이성비판》이라는 책이 윤리와 도덕에 관한 책인데 그 책을 이해하려면 그 앞에 쓰인《순수이성비판》을 제대로 이해해야 합니다. 그런데《순수이성비판》자체가 결코 쉬운 책이 아닙니다. 칸트는 데카르트로 대표되는 합리론과 로크로 대표되는 영국 경험론의 장단점을 파악하고 그 단점을 비판하고 장점을 결합하여 새로운 종합철학의 가능성을 모색했던 위대한 철학자였습니다. 그래서 더더욱 어렵습니다. 게다가 그가 쓴 개념이나 용어는 모두 독특한 의미를 지니고 있어서 그것에 대한 온전한 이해가 필요할 뿐 아니라 전체 이론이 서로 맞물려 있는 까닭에 따로 떼서 이해할 수 없습니다. 각각의 책만으로도 어렵고 버거운데 적어도 세 개의 '비판서'를 이해한다는 건 결코 만만한 일이 아니지요. 하지만 칸트의 철학에 한번 젖어들면 그의 사상이 얼마나 심오하고 그 방법론이 얼마나 매력적인지 빠져들지 않을 수 없습니다.

칸트의 윤리학은 언제나 누구에게나 보편적으로 적용되어야 하는 법칙성을 바탕으로 하고 있습니다. 또한 자율성을 전제로 하고 있습니다. 얼핏 보면 법칙성과 자율성은 충돌하는 것으로 보일 수 있지요? 그러나 칸트는 그 자율성을 최고선에 대한 자발적 승인과 의무의 개념으로 파악하기 때문에 모순되는 것이 아니라 오히려 서로를 더 고귀한 것으로 만든다고 주장합니다. 칸트의 정의도 그런 틀 안에서 마련되는 건 어쩌면 당연하고 자연스러운 일이겠지요?

칸트의 윤리학에서 여러분이 기억해야 할 두 가지 개념은 '의무'

와 '정언명법'이라는 것입니다. 의무는 내가 하고 싶으면 하고 하기 싫으면 하지 않는 게 아니지요. 의무는 '사람으로서 마땅히 하여야 할 일'을 뜻합니다. 그렇다면 의무는 누구는 지키고 누구는 안 지켜도 되는 것이 아니겠지요? 그리고 정언명법이란 쉽게 말해서 '무조건적인 명령'이란 뜻입니다. 어떤 조건, 즉 예를 들어 '만약에 ~하다면, ~하겠다'는 것이 아니라 아무 조건 따지지 않고 따르는, 그야말로 오로지 의무감에서 따르는 명령입니다. '의무'와 '무조건적 명령'은 조금 딱딱하고 답답한 느낌이 들지요? 칸트는 이 문제를 주체성의 문제와 연결 짓습니다. 누구나 주체적인 존재입니다. 누가 하라고 해서 하는 수동적 존재가 아닙니다. 그렇다면 명령은 도대체 누가 하는 걸까요? 누군가 명령하고 나는 그걸 따른다면 그건 노예의 삶이지 주인의 삶이 아니지요. 그건 주체성과는 정반대입니다. 여기서 또 하나의 중요한 윤리학적 개념이 나옵니다. 그것은 바로 '최고선'이라는 겁니다.

최고선이란 도덕 법칙이 최상의 조건으로 이미 함께 포함되어 있는 것으로 누구나 동의하고 추구할 가치입니다. 그것은 최상이라기보다 완벽에 가까운 것입니다. 어떤 것의 부분 혹은 아래의 가치가 아니라 그 자체로 완전하고 가장 높은 가치입니다. 최고선은 완전선입니다. 그 어떠한 조건도 불필요한 선입니다. 최상의 선은 덕을 성취하는 것입니다. 그렇다면 도덕의 목표인 덕을 성취하게 되면

정의, 나만 지키면 손해 아닌가요?

최상선에 도달하는 것일까요? 어느 정도는 그럴 수 있습니다. 우리는 무엇을 할 때마다 고민하게 됩니다. '만약에 내가 이러저러한 행동을 한다면 어떤 결과를 얻을까?' 등등의 고민이 따릅니다. 그런데 어떤 행동을 하건 그것이 절대적이고 최고인 선을 향한 것이라면 고민할 필요가 있을까요? 누가 억지로 시켜서가 아니라 나 스스로 선택하고 기꺼이 행동하게 되겠지요. 그게 자율성이고 그런 자율성을 수행하는 나는 자연히 주체적일 수밖에 없겠지요. 최고선은 행복과 도덕성이 일치하는 상태입니다. 칸트가 말하는 의무, 최고선, 자율성 등은 이런 뜻입니다. 물론 칸트는 이보다 훨씬 더 체계적이고 심오하게 설명하지만 그건 아직 여러분이 이해할 영역은 아니기 때문에 이렇게 설명하는 것으로 충분할 거라 여깁니다.

그렇다면 칸트는 정의를 어떻게 설명할까요? 여기서 우리는 잠깐 칸트가 살았던 시대를 돌아볼 필요가 있습니다. 칸트는 18세기를 살았던 사람입니다. 서양 근대 시대의 한복판인 시기에 살았던 셈입니다. 서양 근대 사상의 핵심은 '자유로운 개인'의 정립입니다. 근대 이전에는 개인이 아니라 '집단의 한 구성원'이거나 영주의 소유물에 가까운 존재였을 뿐이지만 근대에는 사상도 발전하고 사회도 변화하면서 개인의 자유와 권리에 대한 생각이 점점 커졌습니다. 그 결정체가 바로 1789년 프랑스혁명이라고 할 수 있겠지요. 물론 칸트는 과격한 사람은 아니었습니다. 그는 '자유로운 개인'의 확고한 수립을 위해 보편적 법이 될 수 있는 준칙(준칙이란 따라야 할 기준이 되는 규칙이나 법칙을 뜻합니다)을 좇는 사람과 삶을 기초해야 한다고 믿었습니다. 그가 살았던 시기는 18세기 내내 성장한 신흥 시민계급의 사상인 자유주의가 자리 잡았던 때입니다. 칸트는 바로 그러한 사상을 굳건한 이론 체계로 정립한 사람입니다.

칸트의 정의를 한마디로 요약하자면 '타인의 자유를 침해하지 않는 한 자신의 인격을 자율적으로 나타내고 실현할 수 있는 인간의 자유와 권리를 보장하는 것'입니다. 그런 점에서 칸트는 자유주의 철학의 기초를 굳건히 세운 사람입니다. 그러나 칸트는 인간의 쾌락과 행복을 정의의 기초로 삼지 않았습니다. 그런 점에서 다음에 보게 될 공리주의의 입장과는 확연하게 다릅니다. 칸트가 내세운 정의관의 바탕은 모든 사람은 자유롭고 합리적이며 책임감 있는 존재라는 가정입니다. 행복보다 자유가 더 중요하다는 건 놀랍기도 하고 대담하기까지 하지요? 얼핏 이해하기 어렵다고요? 그건 18세기 유럽 지성인들이 얼마나 자유에 대한 갈망이 강했는지를 대변하는 것이라고 이해해도 충분할 겁니다. 자유가 없으면 도덕도 정의도 마련될 수 없습니다. 이러한 근대적 자유와 정의에 대한 태도는 지금까지 그대로 이어집니다.

칸트는 이런 말을 했어요. "네 의지의 준칙(준칙은 앞에서 설명했지요?)이 언제나 동시에 보편적 입법의 원리로서도 타당하도록 행위하라." 말이 좀 어렵나요? 철학적 문장들이란 게 좀 그런 점이 있어요. 하지만 괜히 똑똑해 보이려고 그런 말을 한 건 아니랍니다. 그 문장 속에 깊은 뜻을 간결하게 담으려니 그런 거라고 여기면 될 거예요. 그럼 이 말을 살짝 풀어 볼까요? 모든 사람은 자유로운 개인입니다. 자유란 다른 어떤 법이나 명령에 따르거나 종속되는 게 아니라 스스로 자신에게 적용하는 법에 따르는 것입니다. 그러니까 자유는 누군가가 강요하거나 속박하는 것에서 벗어나 있는 거지요. 누구나 절대적 가치를 지닐 뿐 아니라 그 가치는 모두에게 똑같습니다. 그러니까 자유로운 개인으로서의 내가 선택하는 원칙은 보편적인 법이 될 수 있는 거지요. 그것은 타인의 자유를 침해하는 것이 아니라 자신의 자유를 지키는 것입니다. 그게 보편적 기준입니다. 아무리 내가 하고 싶은 욕망이 있어도 그것이 보편적 기준에서 벗어난다면 결코 해서는 안 되는 행위가 되겠지요.

칸트는 정의를 사회적 국가적 틀 안에서 정립합니다. 즉 정의는 개인의 사적인 이익을 국가 권력을 통해 보장하는 것입니다. 그게 바로 자유주의 관점에서의 정의입니다. 국가나 집단의 간섭을 배제하고 개인의 자유와 자율이 최대한 보장되는 사회가 정의로운 사회입니다. 법은 그런 정의를 실현하기 위한 수단입니다. 그런 의미에서 칸트는 법의 이념을 따르는 것이 넓은 의미의 정의라고 보았다 해도 크게 무리는 없을 겁니다. 칸트는 정의를 실현한 사회를 만드는 것이 인류의 과제이며 의무라고 보는 겁니다. 그것은 자연이 부여한 보편적 과제인 것이지요. 구체적으로 그 내용을 살펴보면 개개인의 자유와 국가 권력에 의한 보호 또는 규제가 가장 완전하게 조화되어 있는 상태가 정의라는 겁니다.

하지만 법이라는 개념도 의외로 넓고 추상적인 개념입니다. 그래서 그 안에서 세 가지의 정의를 구체적으로 마련합니다. 첫째는 보호의 원리입니다. 이것은 자신의 권리를 정당하게 주장하는 것을 모든 개인에게 인정하는 것입니다. 둘째는 교환의 정의입니다. 이것은 계약 등을 통해 타인의 권리를 부당하게 침해하지 않는 상호관계를 의미합니다. 셋째는 배분의 정의로 각각의 사람에게 각각의 권리를 배당하고 그것을 보증하는 것입니다. 이러한 기본적 정의에 더해 형법적 영역에서 형벌의 정의 즉 응보의 정의가 추가되기도 합니다. 요컨대 법의 이념에 따르는 것이 그대로 넓은 의미에서의 정의이며, 그래서 칸트 철학에서 법이라는 말의 영역에 정의를 배당하는 연구자도 있을 정도입니다.

정리해서 말하자면 칸트는 정의를 가장 보편적인 의무라고 보았으며 그러한 정의가 실현되어야 자유로운 개인이 가능해지며 사회와 국가의 존재 이유가 정당해지는 것이라고 생각했습니다. 이렇게 18세기 근대 철학자들의 자유주의 철학은 정의의 가치와 존재에 대해 매우 적극적인 태도를 취했으며 그러한 주장이 현대까지 이어지면서 우리가 정의에 대해 보다 진지하게 성찰할 수 있는 이론적 토대를 마련했다고 할 수 있습니다. 그 가운데 핵심을 말한다면 자유로운 개인과 정의로운 국가와 사회의 일치라고 요약할 수 있겠습니다.

최대다수의 최대행복이
늘 정당한가?
공리주의적 정의

여러분이 공리주의에 대해 알건 모르건 간에 '최대다수의 최대행복'
이라는 말은 들어 본 적이 있을 겁니다. 공리주의는 19세기 중반 영
국에 나타난 사회사상으로, 제레미 벤담Jeremy Bentham(1748~1832)과
존 스튜어트 밀John Stuart Mill(1806~1873)이 대표적인 철학자입니다.
이들은 사회적 가치 판단의 기준을 효용으로 잡았습니다. 그리고 그
효용의 구체적인 내용은 행복입니다. 따라서 행복을 증진하는 것이
윤리적 행위의 목적이 되는 것이지요. 그리고 그러한 사상을 응축한
말이 바로 '최대다수의 최대행복'이라는 말입니다.

　누구나 행복을 원합니다. 그래서 행복을 추구합니다. 물론 개인

의 행복이 사회의 행복과 반드시 일치하지는 않습니다. 이러한 충돌을 조정하는 것이 법입니다. 법에 따라 불공정한 일, 부정한 일을 예방하고 처벌합니다. 그래야 사회적 정의가 실현될 수 있겠지요. 이 책에서는 공리주의 이론에 대한 자세한 설명은 하지 않겠습니다. 다만 한 가지 기억해야 할 것은 공리주의의 '효용성의 원리'가 경제적 자유주의와 밀접하게 연관되었고, 영국을 비롯한 선진 산업국가들에서 거의 다 채택한 방식이었으며, 21세기에도 여전히 유효하다는 점에서 현대를 사는 우리에게 밀접하게 영향을 미치고 있다는 점입니다. 또한 공리주의는 '다수결의 원리'에 기초한 민주주의 정치제도와 사유재산의 보장을 바탕으로 하고 있기 때문에 더욱 주목해야 할 사상입니다.

그래서 공리주의적 입장은 더욱 중요한데, 여기서 꼭 짚고 넘어가야 할 게 있습니다. 그게 뭘까요? 여러분 짐작이 되시나요? 두 가지를 생각해 볼 수 있어요. 첫째, 왜 공리주의냐 하는 겁니다. 공리주의가 그 시대에 통했던 건 무엇보다 근대 산업화 사회에 형성되었기 때문입니다. 모든 것이 효율을 중심으로 평가되는 상황에서 그에 걸맞은 윤리적 판단이 요구되는 것이니까요. 산업화 사회는 공장을 중심으로 이루어지기 때문에 노동력이 도시로 집중됩니다. 그러면 이전에 농촌에서 영주의 영지에서 소작하던 농민들이 고향을 떠나 런던이나 맨체스터 같은 대도시와 광산 지역으로 가게 됩니다. 이전의 사회는 큰 변화도 없고 복잡하지도 않습니다. 그러니 윤리적 태도도 단순하고 간결하겠지요. 하지만 대도시로 몰린 사람들은 각자 자신의 이해를 위해 살기에 다른 사람들의 윤리적 판단과 충돌을 피할 수 없었겠지요. 조용하고 일상적인 농촌 사회에서는 어떤 규범을 학습하고 그에 따라 살며 그것으로 행위를 판단할 수 있었을 겁니다. 충돌할 것도 없었겠지요. 하지만 도시에서의 삶은 그렇지 않습니다. 힘으로 겨루거나 주먹다짐을 할 수도 없습니다. 이렇게 서로의 윤리적 기준이 충돌하면 사회는 불안해집니다. 공리주의는 이러한 상황에서도 적절하지요. 우선 행위의 결과에 대한 객관적 틀을 갖고 있기 때문에 쉽게 판단하고 수긍할 수 있습니다. 즉 행복의 총량을 따져서 더 많은 행복이 우월한 것으로 평가되기 때문입니다. 이렇게 공리주의는 당시의 상황에서 매우 큰 설득력을 지닌 윤리적 이론이었습니다.

아직 하나는 말하지 않았죠? 여러분도 다시 짐작해 보세요. 나는 개인적으로 이 부분이 가장 주목해야 할 점이라고 생각합니다. 공리주의는 최대다수의 최대행복을 추구하는 것이라고 했지요. '행복'이라는 말에 주목해 보세요. 최대다수의 행복은 누구나 행복할 권리가 있음을 전제로 하는 겁니다. 그게 무슨 중요한 말이냐 싶기도 할 겁니다. 너무나 당연한 권리고 상식이니까요. 그러나 18세기, 아직 신분의 차이가 분명히 작용하던 시대에 그 말의 의미는 지금과는 달랐습니다. 귀족들은 모든 권력을 독차지하고 자본가는 부를 축재하며 자신들의 힘을 마음껏 누렸습니다. 그러한 틀 안에서 그들은 사람들을 차별하고 억압했습니다. 물론 당시 다른 유럽의 전제군주 국가들보다야 형편이 조금 나았겠지요. 입헌군주제에서 의회도 갖고 있었습니다. 그러나 선거권과 피선거권이 일반시민에게 돌아가지는 않았습니다. 귀족들과 부자들은 자신들의 독점적 자산을 마음껏 누렸습니다. 그들은 원하기만 하면 언제나 달콤한 음식들을 마음껏 먹을수 있었습니다. 하지만 다른 사람들은 그걸 누릴 수 없었습니다. 특권층들에게는 단맛을 느끼는 혀의 감각이 존재하지만 일반시민들에겐 그런 감각이 없어서 그런 것은 아니지요. 사람이라면 모두 똑같은 감각을 지녔습니다. 그렇다면 누구나 단맛을 즐길 수 있으며 그런 권리가 있습니다. 다만 그걸 누릴 형편이 되지 못할 뿐입니다.

공리주의에서 우리가 진정 주목해야 할 부분은 바로 이 지점입니다. 누구나 쾌락을 추구할 권리가 있습니다. 모든 사람은 똑같은 감각기관을 갖고 있습니다. 행복은 소수의 독점물이 아닙니다. 무조건 최대다수의 최대행복만 강조할 게 아닙니다. 최대다수라는 말에는 모든 사람이 포함되는 겁니다. 쾌락의 평등한 가능성이 전제된 말입니다. 그걸 놓치면 본질을 보지 못하게 됩니다.

사실 '최대다수의 최대행복'이란 말은 공리주의자들이 처음 사용한 용어가 아닙니다. 허치슨Francis Hutcheson(1694~1746)이라는 아일

랜드 출신의 학자가 고안해 낸 용어인데 나중에는 보통선거권의 논리를 제공하는 개념으로 쓰이기도 했습니다. 보통선거권이란 모든 사람에게 똑같이 한 표의 권리를 부여하는 것입니다. 모든 사람이 함께 똑같이 사용하는 권리를 합할 때 최대다수의 범위는 가장 커지겠지요? 또한 그것을 토대로 가장 큰 행복을 선택하고 만들어 낼 수 있는 구조와 제도를 마련해야 하는 겁니다. 이렇게 최대다수의 최대 행복이라는 말도 공리주의라는 가치도 그 바탕에는 모든 사람이 평등한 권리를 가진다는 전제가 깔려 있으니, 어떤 면에서는 매우 진보적인 개념이라고도 할 수 있습니다.

이 문제를 좀 더 자세히 알아볼 필요가 있는 건 앞서 말했던 것처럼 공리주의가 현대 사회에서 가장 널리 받아들여지고 있는 사상이기에 그 장단점을 제대로 파악해야 하기 때문입니다. 프랑스를 비롯한 유럽 대륙의 철학자들이 인간의 보편적 이성을 강조한 것과는 달리 영국의 철학자들은 우리가 어떤 것을 지각하는, 즉 뭔가를 안다는 건 각 개인이 경험한 사실들이 쌓인 결과라고 보았습니다. 이게 무슨 중요한 의미가 있을까요?

보편적 이성이라는 말은 쉽게 말해 인간이라면 모두가 동의하고 수용할 수 있는 이성이 있다는 뜻인데, 만약 내가 어떤 것을 제대로 이해하지 못했다면 그건 무슨 의미가 될까요? 다른 사람들은 다 아는데 나만 모른다는 뜻이 될 수 있습니다. 그렇다면 나는 다른 사람들이 모두 받아들이는 그 지식을 따라야 합니다. 엄밀히 말하자면 그건 나와 상관이 없는 것이 될 수 있습니다. 하지만 영국의 철학자들이 주장하는(이것을 흔히 '경험론'이라고 부릅니다) 바에 따르면 모든 지식은 경험에서 비롯됩니다. 경험의 주체는 무엇일까요? 당연히 감각기관입니다. 만지고 보고 듣고 느끼는 등의 모든 감각 행위들을 통해서 경험은 내 안에 쌓입니다. 그런데 그게 누구의 감각기관일까요? 보편적 인간의 보편적 감각기관인가요? 아니지요, 그건 바로 '나의' 감각기관입니다. 이건 간단한 듯 여겨질지 모르지만 매우 중요한 차이입니다.

모든 앎의 중심은 바로 나 자신입니다. 내가 세상의 중심이며 모든 사람들은 자신의 감각기관을 통해 세상을 경험하고 인식하고 판단합니다. 이런 경험주의적 태도는 '주체적인 나'의 중요한 출발점입니다. 영국에서 입헌군주제가 먼저 시작된 것도 이러한 철학적 사유나 태도와 무관하지 않다고 봅니다. 생각이 바뀌면 삶도 바뀌고 사회도 바뀔 수 있음을 주목해야 합니다. 공리주의의 바탕에는 바로 이러한 철학적 사유가 깔려 있으며, 모든 사람의 감각이 동등한 것처럼 누구나 행복을 추구할 동등한 권리가 있다는 것이 대전제로 깔렸음을 기억해야 하겠습니다. 그것을 놓치기 때문에 공리주의적 윤리와 정의가 문제를 만들기 때문입니다.

그럼 공리주의는 정의라는 주제에 대해 다른 윤리적 입장에 비해 소홀했을까요? 그렇지는 않습니다. 정의라는 건 이미 앞에서 여러 철학자들을 통해서 본 것처럼 선택의 문제가 아니라 당위(마땅히 그렇게 하거나 되어야 하는 것)의 문제이기 때문입니다. 우리는 공리주의에서 정의를 어떻게 바라보고 있는지 대표적인 공리주의자인 J. S. 밀을 통해서 짐작할 수 있습니다. 밀은 공평성이 정의의 바탕이라고 보았습니다. 공평은 정의가 제대로 작동하고 구속력을 갖고 그 임무를 수행하기 위한 필요조건(어떤 결과가 발생하기 위해 꼭 있어야 할 조건)이기 때문입니다.

공평이란 어느 쪽으로도 치우치지 않고 고른 상태를 뜻합니다. 밀은 이렇게 말합니다. "악을 악으로 막고 선을 선으로 보답함으로써 그 여죄에 따라 각자를 취급하는 일이 의무라면, 당연히 다음과 같은 결론, 즉 우리는 우리를 동등하게 대하는 사람들을 모두 (보다 높은 의무가 금지하지 않는 한에서) 동등하게 대우할 것이며, 사회도 또한 그 사회를 동등하게 대하는 사람들을 모두 동등하게 대우해야 한다는 결론이 나온다. 이것이야말로 사회적 정의와 분배적 정의를 형성하는 가장 높은 추상적인 기준이다. 모든 제도와 모든 유덕한 시민들의 노력이 가능하면 이 기준을 향하도록 집중시키지 않으면 안 된다."

최대행복의 원리 안에 도덕적 의무가 포함되었다는 뜻입니다. 누구나 한 사람으로 고려되어야 하고 어느 누구도 한 사람 이상으로

정의, 나만 지키면 손해 아닌가요?

고려되어서는 안 된다고 벤담도 강조했습니다. 즉 사회적 불평등은 단순히 불편한 게 아니라 부당한 것이라는 겁니다. 하지만 현실에서는 그런 사회적 불평등이 쉽게 잊히거나 단순히 '편리와 이익'의 관점에서 해석됩니다. 실제로 칸트는 이러한 태도를 매섭게 비판합니다. 즉 인간의 존엄성은 편리와 행복에서 오는 게 아니라 인간으로서 마땅히 행동해야 할 것을 따르는 데서 오는 것이기 때문에 공리주의의 태도는 올바른 윤리적 태도로 받아들일 수 없다고 비판했습니다.

그렇지만 칸트의 비판이 전부 옳다고만 할 수는 없습니다. 밀도 정의의 문제에 대해서는 단호했습니다. 그에 따르면 정의는 어떤 종류의 도덕법칙을 나타내는 이름입니다. 그리고 도덕법칙은 처세의 목적으로 지키는 어떤 법칙과도 다릅니다. 그것은 인간 복지의 본질에 관계하고 따라서 절대적인 구속력을 가진다고 분명하게 밝힙니다. 그것은 개인이 지닌 권리 개념이 더욱 강력한 구속력을 갖는다는 의미를 담고 있습니다. 그가 강조하는 가장 큰 도덕법칙은 인류가 서로 상처를 입히는 것을 금지하는 도덕법칙입니다.

하지만 이러한 밀의 강력한 주장에도 불구하고, 그리고 공리주의가 현실적 대안으로 가장 널리 받아들여진다 하더라도 근본적인 문제를 안고 있습니다. 첫째 공리주의는 이론상 불공정하고 불의한 행위를 정당화할 수 있다는 점입니다. 아무리 부당하고 불의한 일이라도 '최대다수의 최대행복'을 충족시켜 주기만 하면 정당화될 수 있기 때문입니다. 예를 들어 히틀러가 독일에서 나치 독재로 공포정치를 행사하면서 소수의 유대인을 학살하였던 경우를 생각해 봅시다. 물론 인류 전체의 관점에서 보면 그것은 어떠한 설명으로도 정당화할 수 없는 악행이고 야만입니다. 그러나 당시 대다수의 독일인들은 히틀러의 주장을 그대로 받아들였습니다. 그냥 받아들이기만 한 것이 아니라 그게 정의롭고 마땅히 해야 할 의무라고 여기기까지 했습니다. 물론 히틀러와 나치의 거짓 선전과 선동의 탓이기는 하지만 그렇게 하는 것이 독일인들에게 최대행복을 주는 것이라고 여겼기에 아무런 죄책감도 갖지 않았습니다.

다른 사례를 통해 더 살펴봅시다. 500명이 탄 배가 너른 바다를 항해하고 있습니다. 그런데 갑자기 거센 바람과 파도가 일어 배가 전복될 위험에 처했습니다. 선장은 그 항로를 수십 년 운항해 온 베테랑입니다. 그는 경험을 통해 4년에 한 번씩 그런 위기가 주기적으로 일어나고 있음을 압니다. 거센 바람과 파도는 서너 시간만 지나면 곧 잔잔해지는 것도 압니다. 하지만 그때마다 선장의 적절한 대응으로 다행히 큰 사고가 일어나지는 않아서 사람들은 그런 사실을 거의 모릅니다. 그래서 배는 순식간에 아수라장이 되었습니다. 사람들이 그렇게 공황상태에 빠져 우왕좌왕하다가는 자칫 배가 뒤집힐 수도 있다는 것을 아는 선장은 사람들을 안정시키기 위해 애를 써보지만 아무런 효과가 없었습니다.

　마침 그 배에는 한 신부님이 타고 있었습니다. 그래서 선장은 그 신부에게 자세히 이야기해 주고 사람들을 안정시켜 달라고 부탁합니다. 신부는 사람들에게 말합니다. "여러분, 지금 제가 하느님께 간절히 기도했더니 답을 주셨습니다. 지금 이렇게 바다가 크게 술렁이는 건 우리 가운데 큰 죄를 지은 사람이 있어서 바다가 노했기 때문이라고 합니다. 그 사람을 바다에 바치면 바다는 다시 잔잔해질 것이라고 합니다." 이 말을 듣고 사람들은 큰 죄를 지었다는 사람을 찾아내기 위해 열띤 토론을 벌입니다. 그 사람만 바다에 던지면 모두가 살 수 있다니 무슨 수를 써서라도 그 사람을 빨리 찾아내야지요.

　과연 어떤 사람이 그 올무에 던져질까요? 누군가 대를 위해 자신을 희생하겠다고 나서는 사람이 있을까요? 열띤 토론과 논쟁 끝에 한 사람을 골라내게 될 겁니다. 모두가 살아야 하니까요. 하지만 그 사람은 아마도 승객 가운데 가장 힘이 없거나 도와줄 사람이 없는, 그런 사람이 될 겁니다. 어쨌거나 오랜 시간 끝에 한 사람을 골라냈습니다. 그러는 중에 거의 서너 시간이 흘렀습니다. 마침내 그 사람을 바다에 던졌습니다. 그랬더니 잠시 후 바다는 거짓말처럼 잔잔해졌습니다. 모든 승객은 안도했습니다. 그리고 바다에 던진 그 사람이 분명 큰 죄를 지었다며, 왜 그런 사람이 같은 배에 타서 자신들까지 화를 당할 뻔했느냐며 성토합니다. 마침내 배는 안전하게 바다를 건너 목적지에 도착했습니다.

승객들이 배에서 내리기 전에 선장과 신부는 자초지종을 승객들에게 말해 줍니다. 사람들은 어떻게 반응할까요? 그 불쌍한 사람에게 미안해해야 마땅한 일이겠지요. 대부분 죄책감과 미안한 마음이 들 겁니다. 그렇기는 해도 그건 어쩔 수 없는 일이었을 뿐 아니라 결과적으로 한 사람이 희생됨으로써 모든 사람이 살아날 수 있었으니 최선의 선택이 아니었느냐고 말하는 사람들도 있을 겁니다. 심지어 그 사람은 분명히 그런 벌을 받을 만한 죄를 평소에 지었기 때문에 하늘이 응징한 것이라고 우겨 대는 이도 있을 겁니다.

그럼 그 경우를 따져 봅시다. 다수를 위해 소수가 희생하는 건 어쩔 수 없다는 입장입니다. 과연 그게 절대적인 선택일까요? 그런 경우가 생기면 언제든 다시 누군가 희생양을 찾아내 제물로 바쳐도 되는 걸까요? 우리가 맨 앞에서 〈옹달샘〉 노래의 가사를 분석하면서 어떤 정의를 만났는지 기억하지요? 나의 행복을 위해 타인의 불행을 무시하는 건 결코 정의로운 일이 아니라고 했습니다. 그런데 이렇게 최대다수의 최대행복을 위한 선택은 불가피한 것이라고 합니다. 이 둘을 어떻게 이해하고 함께 받아들일 수 있을까요?

이런 경우에 두 가지 문제가 생깁니다. 하나는 누군가를 의도적으로 희생시키면서 다수의 행복을 위해서는 어쩔 수 없다고 핑계 대는 것입니다. 언제든 마음만 먹으면, 그리고 그런 상황을 만들어 내

정의, 나만 지키면 손해 아닌가요?

기만 하면 또 누군가를 희생양으로 삼아 자신을 정당화할 수 있습니다. 이건 결코 정의일 수 없습니다. 그건 다수의 횡포일 뿐 아니라 비인격적인 행동입니다. 또 다른 하나는 그 희생양이 거의 언제나 소수의 약자라는 점입니다. 과연 힘세고 돈 많고 배운 거 많고 명예로운 사람을 희생양으로 삼을까요? 쉽지 않겠지요. 대부분 무시해도 좋다고 여기는 약자나 소수자가 희생양이 될 확률이 높습니다. 이건 공적 폭력입니다. 폭력이 정의가 될 수는 없습니다.

난파의 위험에 처했던 그 배의 경우에서 더 위험한 점은, 잠깐 자신들의 선택에 대한 죄책감과 희생자에 대한 미안함을 지녔던 승객들 가운데서도 시간이 조금 지나면 다른 생각을 하는 사람이 생길 수 있다는 점입니다. 사람들은 죄책감을 갖고 사는 게 부담스럽습니다. 그걸 평생 안고 사는 건 더욱 그렇습니다. 사람 목숨 하나를 빼앗았으니까요. 이런 고민에서 벗어나기 위해 사람들은 궁리를 합니다. 그래서 찾아낸 해법(?)은 바로 그 사람을 비난하는 것입니다.

확인할 수는 없지만 그는 분명 큰 죄를 지은 사람이고, 바다에서 큰 풍랑이 인 것은 선장이 말한 것처럼 주기적인 기상 이변 때문이 아니라 신부가 말한 것처럼(이미 그 신부도 진실을 말해 줬음에도 불구하고) 그의 죄 때문에 하느님이 노해서라고 스스로 우겨 댑니다. 그러면서 그 불쌍한 사람을 오히려 더 거세게 비난하기 시작합니다. 그렇게 자신을 정당화합니다. 바로 인지 부조화입니다. 앞서 학교 폭력 즉 왕따 문제를 다룰 때 언급했지요? 그리고 그런 인지 부조화가 습관화되면 개인뿐 아니라 사회 전체가 정의에 대한 신념이 흐려지고 불의에 협력하게 되는 더 큰 위험을 키우게 된다고 언급했던 것을 기억하나요? 가장 위험한 것은 불의가 정의를 불공정한 방법으로 파괴하는 것을 보면서 저항하기는커녕 오히려 방관하거나 어쩔 수 없다고 체념하는 것과 더불어 아예 불의의 편을 들면서 자신을 정당화하는 것입니다. 공리주의를 그릇되게 받아들이게 되면 이렇게 위험해질 가능성이 있다는 점을 주목해야 합니다.

최대다수의 최대행복은 분명 대부분의 사회에서, 특히 서로의 가치와 규범이 서로 충돌하는 경우에 선택하기 좋은 현실적 대안임은 부인할 수 없습니다. 그러나 그 말이 '소수 약자의 부당한 희생'을 정당화할 수 있고 심지어 그것을 강요할 수 있는 근거가 된다는 점이 치명적입니다. 현실적으로 보아도 대부분 강자의 희생보다는 소수자와 약자의 희생이 대부분입니다. 정의는 강자의 이익을 위한 것이 아닙니다. 그건 정의가 아닙니다. 대부분의 불의가 바로 강자의 횡포로 일어납니다. 올바른 정의는 약자와 소수자를 먼저 보호하는 데에 그 바탕을 두어야 합니다. 그 점을 결코 잊어서는 안 됩니다.

그린벨트의
문제

여러분은 그린벨트에 대해 들어 본 적이 있나요? 요즘은 별 관심들이 없어서 사회적 이슈도 되지 못하니 알 수 있는 기회도 별로 없겠지만 어른들이 이야기하는 중에 등 뒤에서 들어 본 적은 있을 거예요. 그린벨트Green Belt는 정식 이름은 아닙니다. '개발제한구역'이라는 게 정식 명칭입니다. 도시 주변의 녹지를 보존하기 위해 법률적으로 개발을 제한하는 구역을 정했습니다. 이것은 영국에서 시작된 것인데 1950년대에 자연환경을 보전하자는 취지였습니다. 우리나라에서는 1971년에 시작되었습니다. 개발제한구역으로 지정되면 집을 새로 지을 수도 없고 늘려 지을 수도 없습니다. 게다가 용도도 바꿀 수 없으며 형질도 바꿀 수 없어요. 그러니 토지의 매매도 꺼려지는 거지요.

오늘날 환경 혹은 생태는 중요한 사회적 문제입니다. 누구나 그 문제에 관심을 갖습니다. 왜 그럴까요? 예전에는 자연을 재화의 대상 혹은 정복의 대상으로만 봤지만 자연이 망가지면 결국 인간의 생존도 위협받게 된다는 것을 뒤늦게 깨달았기 때문입니다. 자연과 녹지를 가장 잘 보전했다고 평가되는 그린벨트에 대해 대다수의 사람들이 지지하는 것은 어쩌면 너무나 당연한 일로 보입니다. 실제로 사람들에게 물어보면 그린벨트 유지에 찬성하는 분들이 대부분입니다. 여러분은 어떻게 생각하나요? 그린벨트 즉 개발제한구역을 계속 유지해서 도시 주변의 녹지를 더 많이 유지 보전하기를 바라나요? 아마 여러분도 그러기를 바랄 겁니다.

하지만 여기에 무서운 맹점이 있습니다. 그걸 보지 못하면 원하든 원하지 않든, 알고 그랬든 모르고 그랬든 우리는 모두 범죄(?) 혹은 불의에 가담한 셈이 됩니다. 왜 그럴까요? 차분히 살펴봅시다. 어느 날(정확히는 앞서 말한 것처럼 1971년 무렵이겠지요) 나에게 아무런 동의도 구하지 않고 내 집 앞을 개발하지 못하는 제한구역으로 정합니다. 도시의 환경을 위해서 불가피한 조치라고 합니다. 최대다수의 최대행복을 위해서는 어쩔 수 없다고 합니다. 대를 위해 소를 희생해야 한다고 배웠습니다. 힘도 없습니다. 돈도 없습니다. 그러니

정의, 나만 지키면 손해 아닌가요?

아무 저항도 못 하고 속으로만 삭이며 받아들입니다. 언제 풀어 줄 것인지 기약도 없습니다. 건너편 동네는 다행히 그 구역에 해당되지 않아 집도 마음대로 짓고 용도도 바꾸며 개발의 붐을 타고 땅값, 집 값도 치솟습니다. 그러나 내 땅은 저당을 잡아 은행에서 대출을 하는 것도 여의치 않아 아무런 경제적 혜택을 누릴 수 없습니다. 그런 땅을 누가 사러 오지도 않습니다. '사회적 유배'와 다름없습니다. 그런데 사람들은 그린벨트 지정을 참 잘했다고, 그걸 정한 사람들을 칭찬합니다.

우리는 지금까지 대부분 개발제한구역에 사는 사람들은 고려하지 않고 도시를 중심으로만 생각했습니다. 보다 많은 이들에게 혜택이 돌아가니 당연히 지속되어야 한다고 믿습니다. 어쩌다 선거 때마다 그 지역의 표를 얻기 위해 그린벨트를 해제하겠다는 사탕발림도 하지만 선거가 끝나면 아무도 나서지 않습니다. 마침내 더 이상 강제로 제한하는 것이 민주적이지 않다는 반성이 제기되고 부분적 해제의 논의로 이어집니다. 어떻게 해제할 것인가 등에 대해 공청회를 엽니다. 그런데 그동안 거기 살면서 억울하게 자신의 재산권을 행사하지 못하고 일방적으로 손해만 강요받은 사람들은 보다 강력한 해제를 요구합니다. 의견이 충돌하겠지요? 오랜 억눌림과 억울함이 한꺼번에 표출되기도 합니다. 험악한 분위기가 연출되고 심지어 폭력이 난무하기도 합니다. 그게 TV로 보도됩니다. 그걸 보는 사람들은 어떤 반응을 보이던가요? "쯧쯧. 지역 이기주의에 빠져서 저리 날뛰니 사회는 어찌 될 것인가!" 그런 경우도 많습니다. 여러분은 이러한 반응에 대해 어떻게 생각합니까?

문제의 발단을 지금보다 훨씬 더 이전의 시간으로 돌려 봅시다. 과연 지금의 개발제한구역 즉 그린벨트인 곳은 예전엔 어땠을까요? 도심이 작았을 때를 생각해 보면 지금보다 훨씬 더 외진 구석입니다. 누가 거기 살았을까요? 돈 많고 권세 있는 이들이 거기 살았을까요? 자연과 벗 삼아 살기 위해서? 아니지요. 가난하고 힘없으니까 그 외진 곳에 밀려가서 살았을 겁니다. 소수의 약자들이지요. 그런데 세상이 좀 나아지고 도시가 커지면서 외진 곳도 조금씩 경제적 혜택을 보게 되었을 때 갑자기 개발제한구역으로 묶인 겁니다. 만약 그곳에 사는 이들이 권력을 쥐고 있거나 권력자와 가까운 사람들이었다면 그렇게 일방적으로 결정했을까요? 불행히도 힘없고 돈 없는 이들이고 소수이니 가볍게 무시되었을 겁니다. 대를 위해 소수의 희생은 어쩔 수 없는 것이라고 타이르면서 말이지요.

그리고 도시에 사는 많은 사람들은 그 덕을 보았습니다. 도시가 어지럽게 개발되는 것을 막았을 뿐 아니라 도시 주변을 숲과 녹지가 에워싸고 있으니 환경도 더 좋아졌습니다. 하지만 엄밀히 따지면 도시에 사는 다수의 사람들이 누리는 혜택은 힘없는 소수를 희생양으로 삼아 아무런 비용도 지불하지 않고 누린 부당한 것입니다. 맨 앞의 〈옹달샘〉 노래 기억하지요? 나의 행복이 타인의 불행을 담보로 이루어지는 것이라면 그것은 정의가 아닙니다. 토끼도 그걸 아는데 사람이 그걸 몰라서야 되겠습니까?

그럼 어떻게 해야 할까요? 개발제한구역이 계속해서 필요하다면 그에 대한 값을 치러야 합니다. 좀 더 엄격하게 따져 봅시다. 법률적으로 배상과 보상은 다릅니다. 배상은 잘못을 인정하고 사과하여 그 잘못 때문에 일어난 불이익에 대해 충분하게 값을 치르는 것입니다. 그에 반해 보상은 잘못은 아니지만 전체를 위해 불가피하게 일어난 일로서 경제적 불이익을 당할 수 있으니 그에 대해 적절하게(대부분은 그만큼의 값으로) 경제적 대가를 지불하는 것입니다. 그렇다면 개발제한구역에 대해 우리는 배상을 해야 할까요, 아니면 보상을 하면 될까요? 지금까지 우리 사회는 배상도 보상도 하지 않았습니다.

사회와 시민들은 개발제한구역에 살아 온 주민들에게 배상해야 합니다. 이상하지요? 그건 법적으로 이루어진 일이니까 불법적인 건 아니잖아요. 하지만 그 법은 헌법의 정신과 어긋나는 것입니다. 헌법에는 분명하게 사유재산을 지킬 권리가 보장되어 있습니다. 개발제한구역을 정한 건 헌법이 아니라 법률입니다. 법률이 헌법을 앞설 수는 없습니다. 그러므로 엄밀히 말하자면 그건 헌법에 위배되는 일이고 당시의 권력이 힘을 바탕으로 강제한 것일 수 있습니다. 물론 그때에는 그게 불가피하게 여겨졌을지 모르지만 절차를 무시했거나 헌법정신을 어긴 것은 분명합니다. 그러므로 그 잘못에 대해 사과해야 합니다. 도시의 시민들이 직접 그런 법률을 만든 게 아니고 또 직접 그들에게 경제적 불이익을 강요한 것은 아니지요. 하지만 다수의 이익을 위해 모른 척 눈감은 건 분명한 일입니다. 즉 그 허물에 모두가 가담한 셈이지요. 연대는커녕 오히려 약자를 방치하고 그들에게 불이익을 강요하는 데에 가담한 셈입니다. 따라서 사과해야 옳습니다. 그게 정의의 기본 정신입니다. 그리고 그에 걸맞은 보상을 치러야 합니다. 우리는 지금까지 그들의 오랜 불이익을 담보로 행복을 누려 왔음을 기억해야 합니다. 이 사례를 통해 우리는 공리주의적 판단이 만들어 내는 위험한 비윤리적 불의를 또다시 깨달을 수 있습니다.

그럼 어떻게 해야 할까요? 흔히 환경 혹은 생태라고 하면 무슨 색깔을 떠올리나요? 대부분 녹색을 떠올립니다. 자연의 녹지를 상징하지요. 그러나 어떤 이들은 그 녹색은 고액권 지폐의 색깔을 상징한다고 말합니다. 무슨 뜻이냐 하면 환경이나 생태를 보전하기 위해서는 그에 따르는 경제적 대가를 지불할 용의가 있어야 한다는 의미입니다. 공짜 행복은 없습니다. 물론 공짜로 다수의 사람들이 행복할 수 있다면 좋겠지만 그 공짜는 모두가 누리는 공짜가 아니라 어떤 소수 약자들이 희생한 탓에 누린 것일 뿐입니다. 사회적 행복이나 정의는 강자보다 약자를 우선적으로 보호하고 지원하는 토대 위에서 실현 가능합니다. 내가 대가를 지불하지 않아서 좋아할 게 아닙니다. 만약 우리가 그 약자에 해당된다면 과연 그 사회에 대해 어떤 생각을 하게 될까요? 입장을 바꿔 보면 누구나 그게 얼마나 폭력적인 것인지 알 수 있습니다.

여기에 우리의 갈등이 있습니다. 환경은 보호해야 하겠는데 돈을 지불하기는 싫다면 그건 비양심적이고 불의한 일입니다, 그러나 현실적으로는 내가 조금이라도 대가를 지불하지 않기를 바랍니다. 하지만 그건 불가능하고 정의롭지 못합니다. 녹지를 보전하고 환경을 지키고 싶다면 그 값을 치러야 합니다. 그렇게 경제적으로 보상해서 불행을 덜어 주어 그곳에 사는 사람들이 녹지는 유지하면서 생활은 다른 곳에서 누릴 수 있게 해야 합니다. 다시 말해 그 땅을 돈으로 사주는 겁니다. 물론 당연히 지금까지 억울하게 당한 피해도 보상하면서 말이지요.

그것을 내셔널 트러스트National Trust 즉 국민신탁이라고 합니다. 상대에게 돈을 치르고 소유권을 넘겨받는데 한 사람이 그걸 사는 게 아니라 시민 모두가 약간의 돈을 모아서 구입하여 공공의 소유로 두는 겁니다. 그러면 어느 누구의 소유도 되지 못하지요. 돈을 지불해야 하는 게 조금 부담스러울지 모릅니다. 그러나 다수의 시민들이 소수의 시민들에게 주는 것이니 다수는 약간의 돈만 지불하면 되기에 크게 경제적 부담은 되지 않습니다. 이러한 판단은 사람들로 하여금 정당한 절차와 약자에 대한 우선적 보상으로 누군가에게 피해를 주지 않고 정의롭고 지혜롭게 행동할 수 있음을 깨닫게 합니다. 그 과정을 통해 소수의 약자가 괴롭힘 당하는 일은 이 사회에 없으며, 만약 내가 소수의 약자가 되어도 사회가 나를 정의롭게 지켜 주리란 믿음을 갖게 될 것이니 그런 사회는 당연히 건강해집니다.

고전적 의미의 정의는 각 개인의 몫을 지켜 주며 동등한 자를 동등하게 취급하는 것이라 설명됩니다. 그러한 공평성이 보장되는 사회가 정의로운 사회입니다. 그리고 그 공평성은 바로 공정성입니다. 개발제한구역의 사례에서 보는 것처럼 공정성이 없으면 결코 정의가 될 수 없습니다. 정의는 언제 어디서건 어떠한 상황에서건 모두에게 똑같이 적용되고 모든 사람이 동의할 수 있을 때, 특히 그 과정과 절차에 대해 아무런 문제를 발견하지 못할 때 가능해집니다. 최대다수의 최대행복이라는 공리주의적 행복과 정의에 대해 가장 매서운 비판을 한 사람은 바로 존 롤즈John Rawls(1921~2002)입니다.

절차가
공정한가
존 롤스의 정의

존 롤스는 그의 대표적인 저서인 《정의론》을 통해 공동체의 행복을 증대시키기 위해 소수 약자들에게 희생을 강요하는 건 공정하지 못하며 인간은 모두 천부적 인권을 지니고 있기 때문에 어떠한 경우에도 그것을 지켜 줘야 한다고 주장합니다. 공리주의의 문제는 바로 그러한 점을 가볍게 여기거나 모른 척 지나려고 하는 것임을 분명하게 밝히고 있습니다.

여기서 우리는 롤스의 이론에 들어가기 전에 20세기의 상황을 조금 살펴볼 필요가 있습니다. 청소년 여러분에게 롤스의 이론이 어렵게 느껴질 거라고 생각하는 어른들이 있는데 그건 과소평가 혹은 잘못된 견해라고 여깁니다. 정의의 문제는 사실 분명하고 또렷합니다. 다만 그것을 어떻게 이론적으로 풀어내느냐 하는 것인데 철학적 태도들은 대개 논리적 치밀함과 치열성을 바탕으로 하고 있기 때문에 이론적으로 이해하는 데에 약간 어려움을 느낄 뿐입니다. 지금 여러분이 철학적 방법과 이론 전체를 이해할 수도 없고 그럴 필요도 없습니다. 다만 그러한 주장이 어떻게 나왔으며 지금 우리에게 어떤 메시지를 주느냐를 짚어 보면 된다고 봅니다. 문제는 그러한 이해가 우리의 삶 속에서 어떻게 실천되느냐 하는 것입니다.

19세기는 과학의 시대였습니다. 물론 지금도 과학이 지배하는 시대이기는 하지만 19세기는 과학적 사고가 일반화된 최초의 시대입니다. 이전에는 플라톤이나 데카르트처럼 형이상학(형체를 초월한 영역에 관한 과학이라는 뜻으로 세계의 궁극적 근거를 연구하는 학문이라는 뜻입니다. 달리 말하자면 부분과 구체성이 아니라 보편성과 전체성을 탐구하는 학문입니다)을 중심으로 하는 태도가 주도했던 반면 18세기부터 사람들이 세상에 눈을 뜨고 산업혁명을 거치면서 19세기에는 가장 객관적인 과학적 사고를 모든 지식과 판단의 근거로 삼으려는 태도가 강했습니다. 과학은 실험과 관찰을 토대로 한 객관적 지식을 추구합니다. 어떠한 권위나 설득도 통하지 않습니다. 19세기 후반이 되면 이러한 태도는 더욱 강해져서 아예 과학적으로 서술되지 않거나 설명되지 않는 어떠한 철학적 사유나 이론도 거부하는 경향이 강해집니다. 이른바 논리실증주의라는 게 바로 그것입니다. 논리실증주의란 과학의 논리적 분석 방법을 철학에 적용하고자 하는 사상입니다. 이것은 고전적 실증주의와 경험주의를 결합한 과학철학으로, 일반적인 진술과 명제는 경험적으로 검증될 때에만 의미가 있다 주장합니다.

그래서 경험을 무시한 사유는 거부하고 과학적으로 혹은 논리적으로 입증되지 않는 형이상학을 멀리하게 됩니다. 윤리의 문제는 어땠을까요? 논리실증주의를 강하게 주장하는 사람들은 윤리의 문제도 과학적이거나 논리적이지 않기 때문에 학문의 대상으로 삼을 수 없다고 주장합니다. 윤리의 문제는 그저 우리의 감정 상태를 다른 방식으로 설명한 것에 지나지 않다는 것이죠.

그럼 정의의 문제는 어땠을까요? 사실 우리가 앞에서 본 것처럼 오랫동안 정의라는 주제는 독립적인 주제가 아니라 그저 윤리적 태도의 하나로 살펴보는 대상에 불과했습니다. 그렇게 생각했던 건 아마도 두 가지 이유 때문이었을 겁니다. 하나는 민주주의가 일반화되기 이전에는 정의의 문제가 의식되지 않았기 때문이었겠지요. 또 다른 하나는 기존의 윤리학이 선善·Goodness에 대한 이론 체계를 다루는 것이라고 여겼기 때문입니다. 하지만 '선'은 정의定意되는 것이 아니라는 주장이 제기되기 시작했고, 논리실증주의처럼 객관적이고 과학적인 증거체계를 요구하는 상황에서 윤리학과 정의 문제는 위축될 수밖에 없었습니다.

20세기에 들어서는 우리가 아는 것처럼 커다란 전쟁을 두 차례나 겪어야 했습니다. 바로 제1, 2차 세계대전입니다. 생각해 보세요. 전쟁하고 있는데 윤리니 정의니 하는 문제를 다룰 수 있을까요? 전쟁은 도덕으로 하는 것이 아니라 실용과 생존의 투쟁입니다. 그래서이미 19세기부터 덜 주목받던 윤리나 정의의 문제는 더욱 시들해졌던 겁니다.

이렇게 꽤 오랫동안 시들해지고 잊힌 윤리의 문제는 전쟁이 끝난 뒤에도 쉽게 제기되지 않았습니다. 특히 전쟁 이후 대부분의 국가나 사회에서 산업화 과정을 따르게 된 것도 윤리나 정의의 문제가도외시되는 데 한 몫을 했습니다. 산업화는 영국에서 경험한 것처럼공리주의적 윤리 혹은 질서 체계를 이끌게 됩니다. 그래서 공리주의가 일반화되었고, 그 과정에서 앞에서 살펴본 공리주의의 한계와 문제가 그대로 드러나게 되었습니다. 바로 이러한 상황에서 깊은 성찰과 연구를 통해 롤스는 다시 우리 사회가 안고 있는 윤리 문제를 정의라는 주제로 돌려놓았고 그것을 본격적으로 다루었던 것입니다.

이렇게 상대적으로 길게 롤스의 《정의론》이 지닌 시대적 배경과 상황을 설명한 건 지금도 활발하게 논의되고 있는 정의의 문제를 20세기에 가장 중요한 주제로 다져놓았으며, 여러분이 아직 읽어 보지는 않았어도 제목과 간단한 내용은 들어 봤을 마이클 샌델의

정의, 나만 지키면 손해 아닌가요?

《정의란 무엇인가》를 비롯한 중요한 책들과 논의의 바탕을 마련했기 때문입니다. 또한 지금 이 시대가 안고 있는 정의의 문제를 바라보기 위해서는 가장 최근의 관점을 이해하고 있어야 하기 때문입니다. 플라톤이나 칸트처럼 고전적 견해의 정의관을 이해하는 것도 중요하지만, 지금 이 시대의 정의 문제를 이해하고 실천하기 위해서는 이 시대의 이론을 알아야 하기 때문입니다.

50여 년 넘게 방치(?)되었던 윤리적 성찰, 특히 정의의 문제가 본격적으로 대두된 것은 왜일까요? 그건 그만큼 사람들이 20세기에 들어 정의가 훼손되었다고 느꼈기 때문입니다. 물론 이전 시대에 비해 많이 민주화가 되었고 정의 또한 바로 서기는 했지만 그 속도보다 더 빠르게 확산된 것은 사람들이 몸으로 실감하는 이른바 '체감적 정의'에 대한 갈증이었습니다. 인권에 대한 본격적인 분석과 비판 그리고 저항과 투쟁은 이전 시대에는 느끼지 못했던, 혹은 느끼기는 했지만 제대로 그 가치가 실현되지 못하고 그저 선언적 가치에만 머물렀던 정의 문제를 더 크게 느껴지게 했습니다. 인종, 지역, 자본 등에 의해 차별되고 억압되는 일이 아무렇지도 않게 여겨지다 그에 대한 문제제기가 봇물처럼 쏟아진 게 1960년대입니다.

롤스가 〈공정으로서의 정의〉라는 중요한 논문(이게 《정의론》의 시작이고 핵심입니다)을 발표한 것은 1950년대 후반입니다. 이게 무슨 뜻일까요? 여기서 우리는 또 하나의 중요한 점을 발견해야 합니다. 대부분 이론은 사태가 일어난 뒤 그것을 논리적으로 분석하고 체계적으로 구성하는 방식으로 만들어집니다. 그러나 때로는 이론이 다음의 세상을 바꾸기도 합니다. 나는 롤스의 《정의론》에서 그런 점을 봅니다.

롤스는 정의의 문제가 사회적 윤리와 인간 가치의 핵심이며 그 정의를 어떻게 실천하느냐가 중요하다고 강조했습니다. 즉 롤스가 정의라는 주제를 들고 나오면서 사람들이 성찰하고 반성하며 부당한 현실을 바꿔야 한다고 자각하게 된 면이 분명히 있다고 봅니다. 그래서 1960년대에 화산처럼 정의와 인권의 문제가 분출했다고 봅니다.

물론 반대의 경우도 가능합니다. 즉 생각이나 이론이 먼저고 현실이 나중이 아니라 이미 현실에 그러한 변화의 분위기가 있었기 때문에 학자들이 그 문제를 예민하게 파고들며 연구한 결과이기도 하니까요. 이 말을 하는 까닭은 다른 경우도 그렇지만 특히 정의의 문제에서는 내가 살고 있는 사회를 정확하게 분석하고 이해하며 동시대인들과 연대하는 것이 올바른 절차와 과정을 마련하는 길이기 때문입니다. 그런 이유로 우리 시대가 만들어 내고 있는 이론적 연구에 대해 관심을 가져야 한다는 점을 상기시키고 싶었습니다.

롤스가 특별히 공리주의의 분석과 비판에 많은 지면을 할애한 까닭은 그만큼 공리주의가 가장 널리 퍼져 있는 사회적 규범의 바탕

정의, 나만 지키면 손해 아닌가요?

이었기 때문입니다. 최고의 효율을 제공하는 공리주의는 산업화된 사회에서 보편적으로 받아들여졌습니다. 하지만 그렇기 때문에 그 위험에 대해 정확하게 인식하고 그것을 극복하는 방법을 찾아야 했습니다.

롤스는 신분의 높고 낮음 그리고 출신에 상관없이 모든 인간은 자유롭고 평등한, 즉 절대적 가치를 지닌 존재로서 누구나 인간답게 살아야 한다고 보았습니다. 그는 공리주의가 편의적이고 때론 전체주의적 가치로 작동되는 걸 날카롭게 비판했습니다. 최대의 선을 얻기 위해 인간의 권리를 침해하는 것은 용납할 수 없다는 점을 분명하게 밝혔습니다. 롤스는 어떠한 상황에서 누구는 보호받고 누구는 불이익을 당하는 일은 용납해서는 안 된다고 주장합니다.

사회는 모든 사람이 각자의 부족한 부분을 채우기 위해 서로 약속하는 공동체입니다. 이때의 약속은 다름 아닌 계약입니다. 이런 생각의 뿌리는 앞에서도 언급한 17세기 영국 정치학자인 토머스 홉스에서 비롯됩니다. 바로 사회계약론이라는 겁니다. 권력은 하늘이 내려 주는 것이 아니라 모든 사회 구성원이 합리적으로 선택하고 계약이라는 과정을 통해 사회적으로 합의하는 것이라는 거지요. 롤스는 이러한 사회계약론을 현대에 맞게 재해석하는 입장입니다.

이론적으로는 모든 사람이 동등합니다. 그러나 현실은 어떤가요? 어떤 사람은 권력이 높고 재산이 많으며 다른 사람은 그 반대인 경우가 많습니다. 그렇다면 이렇게 불평등한 상황에서 공정한 계약이 가능할까요? 힘 있는 사람들은 지위를 이용해서 더 많은 것을 요구할 것이고 돈 많은 사람들은 다른 사람들보다 좋은 조건에서 경쟁을 시작할 수 있으니 더 많은 기회를 갖게 되겠지요. 그렇다면 시작부터 불공정한 경쟁이 아닐까요?

롤스는 다양한 사회적 지위가 존재하고 서로 다른 생활의 기회를 갖는 것은 인정하지만 좌절해야 하는 사람들의 절망을 외면하면 정의는 불가능하다고 봅니다. 롤스는 바로 이러한 점을 해소하기 위해 무지의 베일the veil of ignorance이라는 매우 독특한 전제를 도입합니다. 어떤 합의를 이끌어 내거나 대안을 도모할 때 참여하는 사람들이 특정 사회적 여건을 모르게 하는 것이지요. 그래야 자기에게 유리한 쪽으로 결정하려는 유혹을 막을 수 있다는 것입니다. 그렇게 하지 않고 모두 자신의 위치나 입장에서 생각하고 행동한다면 정의에 대한 합리적 결과를 내놓을 수 없기 때문입니다. 그러나 현실에서 이러한 요구는 불가능해 보입니다. 하지만 롤스가 이런 제안을 하는 것은 '순수 절차적 정의'를 보장하기 위해서입니다. 순수 절차적 정의란 올바른 결과에 대한 별도의 독립된 기준은 없지만 최소한 공정하고 바른 절차가 있어야 그 이후의 내용과는 무관하게 그 결과가 공정할 수 있다는 것입니다. 절차가 공정하면 그 결과도 정의롭다고 할 수 있습니다.

그런데 앞의 이야기가 조금 어렵다고 느껴지지요? 사실 롤스의
정의 이론은 대학이나 대학원에서 본격적으로 다루는 것이니까 쉽
지는 않아요. 하지만 그건 이론을 정밀하게 분석하거나 판단할 때
해당되는 것이고 그 내용과 절차는 청소년 여러분도 충분히 이해할
수 있다고 봅니다.

　　그런데 사람들이 무지의 베일을 쓰려고 할까요? 게다가 힘 있고
돈 많은 사람들이 기꺼이 그럴까요? 쉽게 동의하려 하지 않을 겁니
다. 하지만 누구나 힘과 돈을 잃을 수 있습니다. 그러면 나락으로 떨
어져야 할까요? 롤스가 무지의 베일을 끌어들이는 이유는 올바른
일이 무엇인지 생각할 때 다음에 일어날 일에 대해 미리 알 수 없는
상태여야 공정한 사고나 태도를 취할 수 있다고 여겼기 때문입니다.
쉽게 말하자면 지금은 내가 힘 있고 돈 많아서 남들보다 훨씬 유리
한 상태에서 혜택을 누릴 수 있지만 만약 그렇지 않다면 어떠한 상
태일 때 내게 유리할까요? 이 사회가 모든 사람에게 공정한 상태일
때 만약 내가 불리한 상황에 떨어져도 사회적 혜택을 공정하게 받을
수 있겠지요. 따라서 우리가 공정한 절차와 정의에 대해 판단할 때
지금 내가 누리는 여건을 고려하지 않고 함께 논의하고 동의할 수
있는 지점을 찾아내야 한다는 겁니다.

　　롤스의《정의론》에서 강조하는 것은 두 가지 원칙입니다. 하나는
자유의 원칙이고 다른 하나는 평등과 차등에 관한 원칙입니다. 모든

사람은 다른 사람들과 동등한 자유와 그에 대한 권리를 갖고 있으며 어떠한 경우에도 그것을 침해당할 수 없다는 것이 자유의 원칙의 핵심입니다. 지극히 당연한 말이지만 현실에선 그마저도 제대로 지켜지지 않는 경우가 많으니 그저 가벼운 말이라고 여길 수 없습니다.

우리가 관심을 가져야 할 건 두 번째 원칙입니다. 모든 사람이 평등하다는 것을 그대로 적용하면 어떤 경우가 생길까요? 아무도 열심히 일하려 하지 않겠지요. 공산주의가 그랬던 것처럼 말입니다. 그래서 롤스는 자유의 원칙을 보완할 수 있는 차등의 원칙을 마련합니다. 사회적 경제적 불평등이 현실적으로 존재하지만 무조건 허용하는 것이 아니라 원칙을 두고 그 범위 내에서 인정하는 것입니다. 즉 모든 사람에게 이익이 되는 경우에 차등을 인정하고 동시에 모든 사람에게 그 직위와 직책이 개방되어야 합니다. 삶의 기회를 평등하게 보장하기 위해서 이 원칙이 지켜져야 한다고 주장합니다.

누구를 위한 정의인가

앞에서 살펴본 존 롤스의 《정의론》에 따르면 정의는 사람들의 자유나 혜택 등의 선을 극대화하는 것을 정하는 원칙이 아니라 각각의 자유와 혜택의 방식을 합의하고 그것을 어떻게 분배하는지에 집중하는 것입니다. 불평등과 불의는 권리를 마음대로 박탈하고 강제적으로 빼앗거나 독점하고 착취하는 것입니다.

　앞에서 말했던 것처럼 청소년 여러분이 롤스의 정의 이론을 꼼꼼하게 따지는 건 쉽지 않습니다. 그러나 그것이 주장하는 방향과 방식 그리고 핵심적 가치는 우리도 충분히 이해할 수 있는 일입니다. 그래서 나는 여러분에게 롤스의 정의론 가운데 핵심 내용이면서 우리가 정의를 생각할 때 기억해야 할 원칙을 설명할까 합니다. 그리고 이 원칙은 앞에서 공리주의가 지녔던 문제, 즉 '공리적 처벌' (다수를 위해 소수의 약자가 불가피하게 손해를 볼 수 있다는)에 대한 가장 구체적인 대안이기도 합니다.

그것은 바로 '최소 수혜자 우선 분배의 원칙'입니다. 무엇보다 공리주의의 폐해를 막거나 줄일 수 있는 원칙입니다. 앞에서 말한 것처럼 공리주의에서 말하는 행복의 최대화는 소수 약자의 피해를 정당화시키는 위험을 안고 있습니다. 정의의 원칙은 강자의 이익을 우선하는 것이 아니라 약자를 보호할 수 있어야 합니다. 이미 함무라비 법전에서도 봤고 개발제한구역(그린벨트)의 사례에서도 본 것처럼 말이지요. 함무라비 법의 정신이 오늘날까지 모든 법의 기본이 되는 것은 바로 약자를 보호하는 법의 역할을 수행하는 정신이 바탕에 깔려 있기 때문입니다. 반면 개발제한구역의 경우는 정반대로 소수 약자의 불이익과 피해를 전제로 행사되는 것이기 때문에 비판받습니다. 그러니 정의를 세우고 실천하는 가장 중요한 가치는 분명해진 것이지요. 약자를 제도로 보호하는 것입니다.

최대다수의 최대행복을 추구하는 것 자체를 뭐라 할 수는 없습니다. 그건 불가피한 것이니까요. 그러나 그것으로 인해 고통 받고 손해 보는 이들이 있다는 걸 외면해서는 안 되겠지요. 그런데 그 사람들이 소수라면 쉽게 무시하거든요. 하지만 반대로 생각해 보면 뜻

정의, 나만 지키면 손해 아닌가요?

밖에 쉽게 문제가 해결될 수 있어요. 다수가 큰 행복을 얻었습니다. 그래서 그 행복 혹은 이익의 일부를 양보하는 겁니다. 각 개인에게는 그게 무시해도 좋을 만큼의 양입니다. 하지만 그걸 모으면 상당한 양이 됩니다. 티끌 모아 태산이라는 말처럼요. 그것을 행복을 양보당한 소수의 약자에게 우선적으로 배분해 주는 겁니다. 그러면 아무도 손해 보는 이가 없겠지요?

물론 문제가 전혀 없는 건 아닙니다. 그렇게 모아서 돌려주는 양이 손해 본 것보다 더 많을 수도 있으니까요. 그걸 '무임승차의 역설'이라고 불러요. 공짜로 차를 타고 간다는 뜻이지요. 일종의 불로소득처럼 말입니다. 하지만 설령 그렇다 하더라도 소수의 약자에게 조금 더 준다고 해서 큰 문제가 되지는 않을 수 있습니다. 그걸 큰 안목으로 보면 일종의 선순환적 사회 환원이라고 할 수 있으니까요. 다만 일부러 그런 혜택을 받기 위해 소수 약자에 속하려는 이들도 있을 겁니다. 이건 복지의 문제에서도 드러납니다. 흔히 실업수당이나 연금을 주면 일부러 일하지 않고 그 돈이나 타먹으려는 사람들이 많아질 것이라며 도덕적 해이를 경계하는 이들이 있습니다.

전적으로 틀린 말은 아닙니다. 하지만 그렇게 주장하는 사람들이 보지 못하는 게 있습니다. 첫째는 누구나 과도한 노동, 일에 비해 급여가 낮은 노동에 대해 불만을 갖습니다. 과도한 일을 좋아하는 사람은 없습니다. 하지만 노동은 단순히 경제적 대가를 얻기 위한 것만은 아닙니다. 노동을 통해 자신의 존재감을 확인하고 자신이 하고 싶은 일을 추구하고 실현합니다. 실업수당이나 연금이라는 게 풍부하고 과도한 경우는 없습니다. 그것은 생존을 위한 최소한의 사회적 방편입니다. 생존을 위협받으면 인간의 존엄성 유지나 인격적 삶은 불가능합니다. 그래서 최소한 그러한 가치는 지킬 수 있는 사회적 안전망이 필요합니다. 그런 연금이나 수당 때문에 일부러 일을 회피하는 경우는 생각보다 많지 않습니다.

둘째, 그렇게 주장하는 사람들은 실업의 고통이나 자기 존재감이나 삶의 존엄성에 대한 본질적 위협을 느껴 보지 않은 이들이 대부분입니다. 그에 드는 비용만 생각하면서 겉으로는 마치 도덕적 해이 때문에 그러한 지불을 하지 못하겠다고 강변하는 경우입니다. 공감의 능력이 없으면서 마치 자신들은 도덕적이고 공정한 것처럼 포장하는 것이지요. 만약 그렇게 주장하는 사람들이 하루 세 끼의 식사조차 제 돈으로 해결하지 못하고 아이들을 학교에 보내지도 못하는 형편에 놓이게 되면 어떻게 될까요?

롤스가 '무지의 베일'을 요구한 건 바로 그 때문입니다. 누구나 현재보다 더 나빠질 수 있습니다. 재벌 총수도 알거지가 될 수 있습니다. 그게 인생입니다. 그러나 사회적 안전망이 제대로 갖춰지면 누구나 다시 일어설 수 있습니다. 그 비용은 모든 사회 구성원이 조금씩 갹출(같은 목적을 위하여 여러 사람이 돈을 나누어 냄)하면 됩니다. 우리가 내는 세금의 목적 가운데 하나가 바로 그것입니다. 물론 도덕적 해이를 경계해야 할 일이지만 그것을 지나치게 과장해서 복지 정책 자체를 거부하거나 소수 약자에 대한 배려를 무시한다면 그건 정의롭지 못한 탐욕일 뿐입니다.

왜 이론을
공부해야 하는가

이 장에서 우리는 여러 이론들과 사상가들을 만났습니다. 구체적 상황을 예로 들면서 설명하면 쉽게 이해되고 실천할 방법도 수월하게 떠오르는데 이론을 만나면 당최 어렵고 답답한 느낌이 들지요? 사실 앞에서 설명한 이론들과 사상가들이 결코 만만하고 쉽지는 않습니다.

하지만 다르게 볼 수 있어요. 언어나 용어가 우리가 일상생활에서 잘 쓰지 않는 말로 되어 있기 때문에 낯선 점도 있지 않나요? 그건 무슨 뜻이냐 하면 우리가 일상적으로 사용하는 말을 자세히 짚어 보면 지나치게 피상적이거나 현상에 대해서만 사용하는 경우가 많다는 뜻입니다. 물론 일상생활에서 어렵고 정밀한 언어를 쓰는 건 쉽지 않습니다. 하지만 때론 의식적으로 쓸 필요가 있어요. 그건 똑똑한 체하기 위해서가 아닙니다. 언어는 나름의 힘을 갖고 있습니다. 그래서 그러한 언어와 용어를 쓸 때마다 그 의미가 확인되고 내 삶을 이끌어 갑니다. 그런 훈련이 되지 않으면 세 가지 문제에 부딪힙니다.

첫째, 머리 따로 가슴 따로 그리고 손발 따로 살게 됩니다. 아무리 많은 것을 알고 있다 해도 그것이 삶으로 이어지지 않으면 그것은 죽은 지식일 뿐 아니라, 자칫 또 다른 힘으로 작용해 나쁜 결과로 이어지기 쉽습니다. 법에 대한 공부를 그렇게 많이 하고 정의를 배우고도, 그리고 그 어려운 시험에 통과해서 검사가 되어도 큰 사회적 악을 퇴치하기보다는 권력의 눈치나 보면서 오히려 더 큰 악을 만들고 불의를 조장하는 정치 검사들의 모습이 바로 그러한 대표적 사례겠지요.

앎과 삶이 떨어지지 않게 하는 방법 가운데 하나가 바로 앎에 관한 용어를 삶 속에서 일상적으로 사용하는 습관을 기르는 것입니다. 그래야 그 이념과 가치가 늘 내 머릿속에서 떠나지 않고 가슴으로 이어지며 구체적이고 직접적인 실천에 다다를 수 있습니다. 아무리 좋은 말도 그저 책에만 존재하는 것으로 만드느냐 아니냐는 우리 자신이 어떠한 태도로 배우고 살아가는지에 달렸습니다.

둘째, 아무리 실천 의지가 강하고 실제로 그것을 실천한다 해도 이론적 토대가 없으면 그저 반복적으로 되풀이하기 쉽습니다. 이론은 우리가 어떤 난관에 부딪혔을 때 그것을 논리적으로 풀어 가는 방법을 제시합니다. 이론 자체는 힘이 없지만 때론 실천보다 더 큰 힘을 발휘하는 건 바로 이러한 이유 때문입니다. 그래서 이론 공부에 소홀하면 안 됩니다.

셋째, 이론은 다른 사람의 주장을 이해하거나 비판하여 보다 나은 방법을 찾을 때 큰 도움이 됩니다. 사람은 혼자 살아갈 수 없습니다. 인간은 사회적 존재입니다. 내가 아무리 진리와 정의를 추구한다 해도 때론 그게 독선적인 판단이 될 수 있는 가능성과 위험성은 늘 존재합니다. 그리고 나 혼자 그것을 실천하는 것보다 보다 많은 사회 구성원이 그것을 함께 실천할 때 더 큰 힘을 얻을 뿐 아니라 질적으로도 보다 나은 결과를 얻을 수 있습니다. 그러기 위해서는 다른 사람들과 함께 모여 토론하고 더 나은 방법을 찾아야 합니다. 나의 주장이나 견해를 다른 사람에게 설득하고 다른 사람의 주장을 내가 논리적으로 수용할 수 있어야 합니다. 집단지성은 정의를 실천하는 데에도 필요합니다. 따라서 집단지성을 더 깊이 있고 폭넓게 진화시키기 위해서라도 이론적 공부가 필요합니다.

이념도 가치도 인간을 위해 존재합니다. 사람들은 자기 자신에게 기초를 두고 다른 이념이나 가치에 흔들리지 않으면서 공동선과 진리 그리고 정의를 실현하는 삶을 살아야 합니다. 진리는 순수한 이론적 측면으로 우리에게 다가옵니다. 그것을 토대로 생활 속에서 실천하는 것이 바로 윤리와 정의입니다. 그러한 실천적 측면 가운데 우리의 마음 안에서 중심을 잡는 것이 윤리라면, 외부를 향해 구체적인 행동으로 나타나는 것이 바로 정의입니다. 그러므로 우리의 현실 생활에서 이론과 실천, 그리고 내면과 외적 행동은 서로 떨어져 있는 것이 아닙니다.

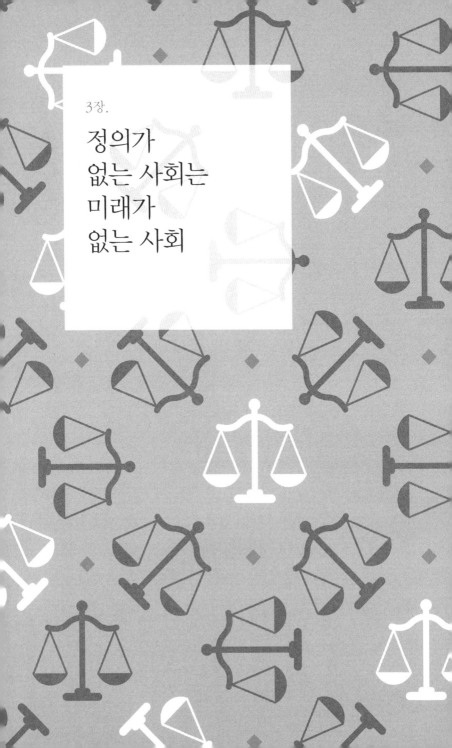

3장.

정의가
없는 사회는
미래가
없는 사회

공공선으로서의
정의

여러분은 공공선이라는 말을 들어 보셨나요? 공공선이란 개인을 포함한 공동체 전체를 위한 선, 즉 공익성을 띤 선을 말합니다. 그것은 사회 전체에 이익이 되는 공익을 추구하는 것입니다. 우리가 사는 사회가 제대로 운영되게 하는 가장 핵심적인 가치이며 원리입니다.

　인간은 사회적 존재인 까닭에 결코 홀로 살 수 없습니다. 그런데 사람은 각자의 욕망을 갖고 삽니다. 그 욕망이 실현될 때 우리는 행복을 느낍니다. 나의 욕망이 다른 사람들의 그것과 같을 수는 없습니다. 따라서 행복 또한 같을 수 없습니다. 그래서 세상과 완전히 떨어져 혼자 산다면 모를까 함께 모여 살 때 자신의 이익만 앞세우고 살면 반드시 다른 누군가를 해치거나 불행하게 혹은 불편하게 할 수밖에 없습니다. 그래서 공공의 이익을 설정하고 개인의 사적인 이익을 통제하거나 사적인 이익을 공적인 이익과 부합되도록 이끄는 겁니다.

그런데 이때 조심해야 할 것이 있습니다. 바로 공익을 내세우며 집단주의 혹은 전체주의의 유혹에 빠지는 것입니다. 엄밀히 말해 공익이 공공선과 일치하지는 않습니다. 물론 대부분의 경우 서로 비슷하기 때문에 충돌할 일이 별로 없어서 구별하지 않고 살아가지만 공익만 내세우는 건 자칫 개인의 존엄성 혹은 '자유로운 개인'의 가치를 깨뜨리기 쉽습니다. 어떠한 권력이건 드러내 놓고 독재를 선언하면서 정치하지 않습니다. 모두 나름의 이유와 근거를 대며 설득하고 동의를 구하는 방식을 빌리지만 독재는 어떠한 경우에도 용납할 수 없는 악입니다. 공공선이라는 가치를 추구하는 것도 결국은 인간 개개인의 존엄성을 존중하고 다 함께 인간다운 삶을 누리기 위해서입니다.

정의는 앞에서 여러 이론들을 통해 살펴본 것처럼 다양하게 설명될 수 있습니다. 그러나 한 가지 분명한 점은 공공선을 이루기 위해서는 반드시 정의가 보장되고 실현되며 실천되어야 한다는 사실입니다. 그렇다면 어떤 사회건 가장 기본적인 공공선은 결국 정의라고 할 수 있습니다. 아무리 사회적 이익이 크다고 해도, 혹은 공동체 전체의 목적에 부합한다 해도 그 절차와 과정이 공정하지 못하고 정의의 원칙에 어긋나면 그것은 정당하지 못합니다. 우리는 어느 누구도 타인이 나의 삶을 침해하거나 나의 이익을 부당하게 빼앗거나 제한하는 것을 용납하지 않습니다. 왜냐하면 그것이 내가 주체적인 삶을 살기 위한 근본이기 때문입니다. 따라서 정의는 단순히 의무감 때문이나 이익을 위해서가 아니고 내 삶과 타인의 삶 모두에 가장 기본적인 토대가 되기에 필요한 것입니다.

정의의 원리는 다양합니다. 그러나 그 원칙은 단호합니다. 내가 하고 싶지 않은 일을 타인이 자신의 목적과 이익을 위해서 강요하면 거부하는 것처럼, 나 또한 타인에게 그가 원하지 않는 일을 나의 이익을 위해 강요해서는 안 됩니다. 이러한 태도를 호혜성의 원칙이라고 합니다. 호혜성이란 서로 혜택을 주고받는 것을 의미합니다. 결코 일방적이어서는 안 됩니다. 아무리 선하고 이익이 된다고 해도 어느 한쪽의 일방적 강요는 용납할 수 없습니다. 호혜성이란 사회 윤리의 기본 원리이자 상호간의 결합과 의무의 연대를 의미합니다. 나의 이익도, 다수의 이익도 아니고 '서로의 이익'을 위해 각자가 자발적으로 호혜적 원칙을 따르는 것이 바로 정의가 작동되는 방식입니다.

물론 공공선의 구체적인 실현이 생각하거나 설명하는 것처럼 그리 녹록한 것은 아닙니다. 공공선의 영역에서 고려될 문제 가운데 하나가 앞 장에서 말했던 '무임편승'의 문제입니다. 공공선이 완벽해서 많은 개인들이 속해 있으면, 그 공공선을 위한 부담을 피하면서 그 이익은 누리고 싶어집니다. 그게 사람의 욕망이고 심리입니다. 우리는 앞에서 약간은 무시해도 좋을, 아니 어느 정도는 묵인해야 할 무임승차에 대해 언급했습니다. 즉 소수 약자에게 우선적으로 혜택을 돌리는 일이 때론 무임승차의 위험을 지니고 있다고 말했습니다. 하지만 어느 누구건 그런 소수 약자의 입장이 되었을 때 사회적 이익의 일부를 먼저 분배하는 경우는 양적으로 미미해 크게 우려할 문제가 아닐뿐더러 오히려 재기와 재활을 이끄는 힘이 되고, 그때 생겨나는 사회와 사회 구성원에 대한 고마움이 강한 사회적 유대를 형성한다는 점에서 일부러라도 그렇게 해야 한다고 말했습니다.

우리가 진짜 경계해야 할 무임승차자가 있습니다. 소수 약자의 무임승차는 공공선 전체의 산출에 거의 영향을 미치지 않을 뿐 아니라 일종의 사회 복지에 기여하는 면이 있지만 숫자로는 소수지만 힘은 막강한, '소수 강자'의 무임승차는 매우 심각한 문제를 일으킵니다. 그들은 처음에는 '나 하나쯤 빠져도' 표 안 날 것이라고 여겨서 슬그머니 빠지거나 자신이 제공해야 할 부담이 아까워서 수단과 방법을 가리지 않고 빠져 나갑니다. 그런데 이런 사람들은 자신은 사회에 기여하지 않으면서 공공의 이익은 가장 많이 받으려고 합니다. 자신의 권력과 재력을 이용해서 교묘하게 그런 혜택을 우선적으로

취하려고 합니다.

예를 들어 탈세하거나 과태료, 적십자회비 같은 공적 기금은 회피하면서 재정을 담당하는 정부의 높은 관료가 된다거나, 자신과 자식들은 군대에 가지 않았으면서 걸핏하면 국방과 안보 운운하며 고위직을 탐하는 사람들이 바로 그런 자들이지요. 권력과 재력에 기대어 군 입대를 회피한 게 아니라 여러 사정 때문에 군대에 가지 않은 사람들은 억울하다고 여길지 모르지만 적어도 거기에 해당되는 만큼의 불이익을 스스로 감내할 태도는 갖춰야 합니다.

또 이런 예도 있습니다. 아직은 여러분이 성인이 되지 않은 까닭에 실감하지 못할 수는 있겠지만 곧 느끼게 될 것이니 이야기를 해도 괜찮을 것 같습니다. 불행히도 지금도 언론의 자유가 보장되기는커녕 2008년 이후 2016년에 이르기까지(제발 더 연장되지 않기를!) 언론의 자유는 갈수록 망가져서 아프리카의 여러 나라들보다 못한 70위권까지 후퇴했습니다. 예전 독재 시대에도 언론의 자유는 엉망으로 유린되었습니다. 독재자들은 자신의 잘못을 비판하는 언론을 그냥 두지 않으려 합니다. 그래서 온갖 수단을 동원해서 때론 협박하고 때론 당근으로 꾀면서 언론을 자기 손아귀에 두고 마음껏 다루며 여론을 조작하고 싶어 합니다. 하지만 민주화 투쟁을 통해 어렵게 언론의 자유를 보장받게 되었지요.

그런데 독재 시대에는 권력에 아부하고 자신들의 이익을 위해 조작까지 마다하지 않던 언론사들과 일부 언론인들은 언론의 자유를 위해 조금도 싸우지 않았으면서 마음껏 언론의 자유를 누렸습니다. 거기까지는 좋은 일입니다. 누구나 언론의 자유, 사상과 표현의 자유는 누려야 하는 것이 정의니까요. 하지만 그들은 아무런 대가도 지불하지 않았고 자신들이 언론을 망가뜨린 것에 대해 사죄하지도 않았습니다. 그저 남들이 싸워서 얻은 결실만 누렸습니다. 그런데 거기에 그치지 않고 언론의 자유를 핑계로 자신들의 입맛에 맞게 마음대로 여론을 주물렀습니다.

이런 자들이야말로 무임승차자 가운데 가장 나쁜 사례입니다. 그런데 이런 자들이 복지와 정의에 대해서는 무임승차 운운하며 반대하고 있으니 참으로 역설적입니다. 공공선을 저버리고 진실을 외면하며 정의를 조롱하는 언론은 이미 그 자체로 존재 의미가 없을 뿐 아니라 사회적 악이고 불의한 세력일 뿐입니다.

미래를 위한 선택: 민주주의와 수평사회

민주주의가 가장 완벽한 정치사회 제도는 아닙니다. 그러나 지금까지 인류가 경험한 제도 가운데 가장 현실적으로 공정하고 생산적인 제도였다고 할 수 있습니다. 최선이 아니라는 건 그게 나쁘다는 뜻이 아니라 보다 더 나아질 가능성과, 나아져야 할 의무를 동시에 지녔다는 뜻입니다.

지금 누리고 있는 민주주의는 멀리는 고대 그리스에서 시작되었지만 그것이 보편적 가치로 받아들여지고 다투어 따르기 시작한 것은 그리 오래되지 않았습니다. 근대에 들어서야 그것도 수많은 사람들이 피를 흘리고 쟁취한 결과물입니다. 입헌군주제 등을 거쳐 민주주의가 일반화된 것은 고작해야 100~200년에 불과합니다. 1776년 미국이 독립해서 왕정이 아닌 완전한 공화정을 시작한 걸 따져도 알 수 있습니다. 우리나라의 경우 1945년 해방이 되고 1948년 선거로 제헌의원을 뽑고 대통령을 선출하면서부터니까 그 역사가 더욱 짧은 것이지요.

그렇다면 민주주의는 정의를 수호하는 가장 훌륭한 정치 제도일까요? 사실 민주주의는 다수의 이익을 실현한다는 점에서 공리주의와 매우 가깝습니다. 그리고 민주주의는 제도가 아니라 모범적인 민주 시민들에 의해서 완성되고 성장합니다. 그런 점에서 시민들의 성숙과 정의감은 절대적으로 필요한 것이지요. 민주주의는 현재로서는 최선의 제도입니다. 물론 민주주의를 구현하는 것이 곧 정의로운 사회를 실현하는 것은 아닙니다. 그러나 정의는 민주주의의 전제 조건이고 민주주의 없는 정의 또한 불가능합니다.

민주주의는 링컨의 표현을 빌리면 '국민의, 국민에 의한, 국민을 위한' 정치 제도입니다. 여기에서 말하는 국민을 현대적 의미로 보자면 '자유로운 개인으로서의 시민'입니다. 즉 자유로운 개인인 시민이 주권을 갖고 있습니다. 따라서 민주주의는 수평적이고 평등한 이념을 따릅니다. 만약 이러한 이념을 훼손하거나 그 실현을 망가뜨린다면 그는 반민주주의적일 뿐 아니라 정의를 유린하는 사람입니다. 어떠한 권력도 자유로운 개인을 억누를 수 없습니다. 지금 우리가 추구하는 민주주의와 정의는 바로 그러한 바탕에 근거합니다. 그런 점에서 민주주의와 정의는 자유로운 개인을 매개로 동전의 양면처럼 서로 떨어질 수 없습니다.

왜 지금 우리가 완전한 민주주의를 실현하고 정의를 실천해야 하는지를 청소년 여러분에게 또 다른 관점에서 설명하고자 합니다. 지난 20세기는 철저하게 '속도와 효율'의 시대였습니다. 그런 점에서 공리주의적 가치와 일치했습니다. 그도 그럴 것이 19세기 후반 산업화의 결실을 맛본 유럽의 강국들은 다투어 식민지를 개척하고 시장을 확대했습니다. 조금이라도 빨리 움직여야 했습니다. 그러다가 그 흐름이 한꺼번에 몰리면서 서로 충돌하고 결국 큰 전쟁이 일어났습니다. 제1, 2차 세계대전에 휩싸였습니다. 그러니까 20세기의 전반부는 전 세계가 집단 패싸움을 한 셈입니다. 전쟁은 인간의 가치, 숭고한 이념, 정의, 개인의 존엄성 따위는 뒷전입니다. 싸워서 이겨야 하고 생존이 가장 중요한 가치가 됩니다. 따라서 속도와 효율은 생존 그 자체가 됩니다.

1945년 전쟁이 끝난 후 뒷전에 밀어 두었던 가치는 회복되었을까요? 물론 기본적 가치는 회복합니다. 그러나 곧바로 전 세계는 산업화 추세를 따르게 됩니다. 산업화에 뒤처지면 어찌 되는지 똑똑히 경험했습니다. 우리나라도 1960년대에 들어서 뒤늦게 산업화를 따랐습니다. 그렇게 늦게 뛰어들고서도 불과 몇 십 년 만에 OECD에 가입했으니 정말 대단하고 위대한 국가고 국민입니다. 산업화는 속도와 효율을 더 가속시켰습니다.

남들보다 더 빨리 해내야 하는 상황에서 개개인의 개성이나 가치를 고려하는 것은 다시 뒷전으로 밀렸습니다. 속도와 효율의 시대에는 누군가가 의사를 빠르게(물론 정확하게) 결정하고 전체가 그것을 따라 생산에 박차를 가해야 합니다. 그런 과정에서 개인의 존엄성과 자유 등 신성한 가치조차 억압되거나 유린되는 경험을 했습니다. 아예 대놓고 전체주의적 태도를 강요하기도 했습니다. 그게 바로 독재입니다. 산업화 시기에는 그런 독재마저 물질적 풍요를 제공하는 까닭에 묵인되기도 했습니다. 그런데 '명령과 수행'의 의사결정 구조와 행동 양식은 민주주의를 훼손하고 정의를 유린하는 부작용을 낳았습니다. 그래도 여전히 의사결정을 신속하게 해야 하니 지도자가 혼자 결정합니다. 비단 정치뿐 아니라 경제에서도 그랬습니다. 재벌의 총수는 세계 시장의 흐름에 빠르게 대처해야 한다는 명분으로 거의 전권을 휘둘렀습니다. 그게 어느 정도 성과를 거두자 그걸 당연한 것으로 여기기 시작했습니다. 그렇게 우리 사회는 철저하게 '수직사회'로만 치달렸습니다.

그러나 21세기는 결코 수직사회가 아닙니다. 수직사회로는 더이상 굴러가지 않습니다. 속도와 효율로 경쟁하던 시기는 지났습니다. 창조하고 융합하며 인간의 가치에 치중해야 더 많은 부가가치를 얻는 시대가 되었습니다. 그러나 우리는 여전히 20세기의 방식에서 벗어나지 못하고 있습니다. 그러한 체제에서 권력과 재력 그리고 명예를 누리는 이들은 여전히 수직적 사회 제도와 구조를 원합니다. 그리고 그들에게 통제된 사람들은 거기에 충성하고 그들의 눈치를 봅니다. 민주주의가 훼손되고 뒷걸음질 치는데도 과거에 미련을 갖고 과거의 방식으로 살려고 하며 그것을 강요합니다.

그러나 그 방식을 따르다가는 미래가 망가집니다. 우리의 삶도 망가집니다. 그래서 민주주의는 선택의 문제가 아니라 반드시 이루어야 하는 의무의 문제입니다. 수평사회가 되지 않으면 미래가 없습니다. 민주주의는 모든 사람이 평등하고 자유로우며, 모든 의사결정을 토론과 협의를 통해서 합니다. 선거는 바로 그러한 절차며 과정입니다. 정의는 마땅히 실현되어야 할 가치입니다만, 특히 지금 우리에게 더욱 절실한 이유가 있습니다. 모두가 정의의 가치를 확신하고 따르며 공정하게 정의의 바탕을 함께 마련해야 우리의 미래가 열리기 때문입니다.

보수와
진보의
정의

정의라는 주제에서 보수와 진보의 차이란 있을 수 없습니다. 있어서
도 안 됩니다. 그렇다면 잠깐 보수와 진보에 대해 간단하게 다뤄 보
기로 하겠습니다. 그것을 바라보고 평가하는 방식은 매우 다양해서
한마디로 설명하기는 어렵지만, 사전적 의미에서 보수주의는 급격
한 변화를 피하고 현 체제를 유지하려는 사상이나 태도를 지칭합니
다. 그러니까 조금은 방어적 입장일 수 있겠지요. 반면에 진보주의
는 현재까지 일반적 가치로 인정되어 오던 전통적 가치나 정책과 체
제 등에 반박해서 그 틀 자체를 허물고 새로운 가치나 정책을 만들
어야 한다고 주장하는 사상 또는 태도를 의미합니다.

이 둘은 얼핏 서로 대립하는 것으로 보입니다. 그리고 현실적으로도 둘은 대립합니다. 하지만 역사는 이 둘이 서로 갈등하고 화해하면서 보다 나은 방향으로 나아가는 힘을 발휘했음을 보여 줍니다. 영원한 보수도 영원한 진보도 없습니다. 둘은 서로 맞서고 때론 비판하면서 인간의 가치를 성장시키는 방향으로 나아갑니다. 불행히도 우리나라는 이 둘이 서로 협력하는 과정을 별로 겪지 못했습니다. 그래서 갈등과 분열의 벽이 허물어지지 않고 거기에 이념과 지역주의까지 가세해 골은 점점 더 깊어져만 갑니다.

그러나 어느 진영에 있건 불변한 가치가 있습니다. 그게 무엇일까요? 그건 바로 정의입니다. 어느 쪽이건 정의를 억압하거나 훼손하거나 조롱하는 쪽은 결코 용납해서는 안 됩니다. 자신이 지지하는 정당이나 정치인이라 해도 정의를 억압하거나 훼손하는 것까지 모른 척하면서 지지해서는 안 됩니다. 그것은 암을 키우는 것과 같습니다. 그 암은 반대쪽만 죽이는 게 아니라 양쪽 모두를, 결국 우리 모두를 파멸에 이르게 합니다. 그러므로 여러분이 앞으로 성장해서 보수를 지지하건 진보를 선택하건 늘 주의를 기울여야 하는 건 바로 정의를 망가뜨리거나 교묘하게 억압하는 일이 없는지 살피는 것입니다.

참고로 나는 여러분에게 내 나름의 방식으로 보수와 진보를 설명할까 합니다. 복잡하게 설명할 것 없이 여러분이 교과서를 통해 배운 민주주의와 정의 등에 대해 사회가 지켜 내려고 할 때 지지하고 힘을 밀어 주는 것이 보수입니다. 또한 겉으로는 민주주의와 정의를 내세우면서도 실제로는 그것을 망치는 세력이 있다면 비판하고 저항하고 맞서 싸우는 것이 진정한 보수의 가치고 힘입니다. 그렇게 민주주의를 망치는 세력이나 그 세력을 지지하는 사람들은 결코 보수가 아닙니다. 민주주의와 정의가 망가지고 억압되는데도 모른 척하거나 모르거나 심지어 자신의 이익을 위해 그것을 왜곡하고 그 세력에 가담하는 자들은 보수가 아니라 수구(사전적 의미로는 '옛 제도나 풍습을 그대로 지키고 따름'이라는 뜻이지만 실제로는 불의한 기득권을 지키기 위해 낡은 제도를 고수하려는 세력입니다)일 뿐입니다.

그에 반해 진보는 지금 같은 교과서로는 민주주의와 정의를 발전시킬 수 없다며 그것을 뜯어고치고 새로운 가치와 이념을 정립해야 한다고 주장하는 입장입니다. 어찌 보면 과격해 보일 수 있겠지만 교과서라고 해서 절대적으로 옳은 것도 아니고 불변의 가치를 담은 것도 아니니 늘 날카로운 눈으로 감시하고 비판해야 하겠지요. 다만 그 작은 허물을 빌미로 전체를 허물어뜨리는 건 진보가 아니라 무책임한 과격입니다.

영원한 보수도 영원한 진보도 없습니다. 지금의 진보가 시간이 지나면 보수가 됩니다. 진보의 과거형은 보수고 보수의 미래형은 진

152 정의, 나만 지키면 손해 아닌가요?

보입니다. 그러나 그 어느 쪽이건 정의의 가치와 힘은 조금도 훼손해서는 안 된다는 점은 분명합니다. 내가 이 책에서 여러분에게 이런 말을 하는 까닭은 지금 우리 사회가 제대로 된 보수와 진보에 대한 명확한 인식도 없이 그저 자신의 입장과 선호에 따라 일방적으로 대립하면서 정작 정의가 훼손되는 것을 방치하고 있기에, 그 점을 경계하기 위해서입니다.

정의,
나만 지키면
손해 아닌가?

여러분을 가장 힘들게 하는 건 시험이겠지요? 시험만 없어도 학교에 다닐 만한데 계속되는 시험 때문에 짜증도 날 겁니다. 물론 시험은 점수를 위한 것이 아니라 내가 제대로 배우고 알고 있는지 체크해 보는 과정과 절차라고 하지만 그건 이상적인 말이고, 현실은 보다 나은 점수를 발판으로 더 나은 삶을 쟁취하기 위한 투쟁과도 같아서 끔찍합니다. 시험에서 좀 더 나은 점수를 받기 위해 밤을 새워가며 공부하기도 합니다.

그런데 다른 친구가 시험 때 부정행위를 한다고 칩시다. 그리고 그가 들키지 않고 좋은 점수를 얻었다고 해봅시다. 화가 나지요? 나는 정말 힘들게 공부하고서도 생각이 나지 않아 답을 쓰지 못했는데 그 친구는 공부도 하지 않고 커닝 페이퍼를 만들어서 쉽게 좋은 점수를 얻었다면 그 경쟁은 공정하지 않겠지요. 그럴 때 여러분은 어떤 생각이 납니까? 그 친구를 일러바칠까요? 나도 그렇게 부정한 방법을 사용해 볼까요? 나만 규범을 따르는 건 손해 보는 일로만 여겨집니다.

이런 경우는 또 어떤가요? 학교에서 집단 따돌림이나 부당하고 일방적인 폭력이 일어날 때 다른 친구들은 다 가만히 있는데 나만 정의감에 불타 맞서 싸우거나 비판하는 건 올바른 용기일까요? 그러고 싶지만 그래 봐야 나만 손해라는 생각이 들지 않나요? 그건 어른들의 사회도 마찬가지입니다. 내 동료가 부당하게 해고되거나 손해를 보게 되는 경우, 그것을 보고도 모른 척하는 게 낫다고 여기는 일이 많습니다. 바른말 하면 오히려 그 화살이 나에게까지 날아오는 경우가 너무나 많으니까요. 그렇게 우리는 남의 불행이나 불공정에 대해 개입하고 싶어 하지 않습니다. 그러다 보면 나중에는 나만 정의를 지키면 손해고 정의를 지키는 사람이 바보라 여겨집니다.

그렇게 여기는 순간 정의는 발붙이지 못합니다. 그리고 그 대가는 반드시 치르게 됩니다. 독일의 저항 목사 마틴 니뮐러Martin Niemüller는 히틀러의 악행을 비판하고 저항했습니다. 그래서 큰 고통을 당했습니다. 그러나 그는 포기하지 않았습니다. 그가 쓴 시 〈그들

정의가 없는 사회는 미래가 없는 사회

155

이 왔다)는 왜 우리가 함께 정의를 지키고 실천해야 하는지, 나만 잘 살면 그만이라는 생각이 얼마나 위험한지 잘 보여 줍니다.

처음에 그들은 공산주의자를 잡으러 왔다.

나는 아무 말도 하지 않았다.

나는 공산주의자가 아니었으므로.

그들은 유대인을 잡으러 왔다.

나는 아무 말도 하지 않았다.

나는 유대인이 아니었으므로.

그들은 노동조합원을 잡으러 왔다.

나는 아무 말도 하지 않았다.

나는 노동조합원이 아니었으므로.

그들은 가톨릭 신자를 잡으러 왔다.

나는 아무 말도 하지 않았다.

나는 개신교인이었으므로.

그들은 나를 잡으러 왔다.

그런데 이제 말해 줄 사람은

아무도 남아 있지 않았다.

에밀 졸라Emile Zola(1840~1902)는 프랑스의 위대한 작가였습니다.

《목로주점》,《나나》같은 뛰어난 소설을 썼습니다. 그는 이미 당대에 성공한 작가였습니다. 많은 사람들의 존경을 받았고 경제적으로도 매우 흡족한 결실을 누렸습니다. 그는 19세기 프랑스 소설의 시대를 연 선구자였습니다. 성공한 문인으로 마음껏 자신의 행복을 누릴 수 있는 사람이었습니다. 그러나 1989년 그는 한 신문에 〈나는 고발한다〉라는 유명한 공개 서한을 썼습니다. 그 편지의 대상은 다름 아닌 대통령이었습니다. 국가의 원수이며 최고통치자인, 가장 힘이 센 사람이지요. 그런데 그 내용은 매서운 것이었습니다.

"대통령 각하, 저는 진실을 말하겠습니다. 왜냐하면 정식으로 재판을 담당한 사법부가 만천하에 진실을 밝히지 않는다면 제가 진실을 밝히겠다고 약속했기 때문입니다. 제 의무는 말을 하는 겁니다. 저는 역사의 공범자가 되고 싶지 않습니다. 만일 제가 공범자가 된다면, 앞으로 제가 보낼 밤들은 유령이 가득한 밤이 될 겁니다"라고 시작한 이 공개 서한은 그야말로 대담했습니다.

그는 왜 이렇게 무모한 편지를 썼을까요? 국가가, 정부가 혹은 대통령이 그에게 불이익을 줬거나 그를 괴롭혀서 그랬을까요? 아닙니다. 그는 드레퓌스라는 한 육군 대위의 무고함을 밝히기 위해 그런 글을 썼습니다. 그는 드레퓌스라는 사람과는 한 번도 만난 적이 없는, 그러니까 완전한 남이었습니다. 드레퓌스는 단지 유대인이라는 이유로 간첩죄로 몰려 군사재판에서 유죄를 받아 종신형에 처해진 사람입니다. 아무도 그 재판에 대해 공개적으로 비판하지 않았습니다. 내 일이 아니고, 게다가 그까짓(?) 유대인 하나 희생양으로 삼는 것쯤이야 대수롭지 않게 여겼습니다. 실제로 거짓 선전에 속아 그가 진짜 적국인 독일을 위해 간첩 행위를 했다고 믿는 이들이 더 많았습니다. 그리고 진실을 어렴풋하게 아는 사람들도 어쩌면 그가 유대인이기 때문에 그랬을지도 모른다고 반신반의했습니다. 진실의 실체를 또렷하게 아는 사람들도 공개적으로 나서지는 못했습니다. 만약 그렇게 하면 자신은 프랑스에서 배신자 혹은 배신자를 옹호한 악당으로 몰릴 게 뻔하고, 자신이 그렇게 해봐야 사태를 바꾸지는 못할 거라고 포기하고 체념했기 때문입니다. 그러나 에밀 졸라는 용감하게 맞서 싸웠습니다.

아무도 그의 편을 들어 주지 않았습니다. 오히려 그는 모든 프랑스 사람들에게 매국 반역자라고 비난받았고 급기야는 징역형을 선고받아 영국으로 망명을 떠나야 했습니다. 심지어 훈장까지 반납 당했습니다. 그는 얼마나 외롭고 힘들며 심지어 억울하기까지 했을까요. 그러나 그는 끝내 포기하지 않았습니다. 그리고 마침내 그 투쟁의 결과로 억울한 드레퓌스는 풀려났습니다. 사면을 받은 것입니다. 하지만 에밀 졸라는 그것에 만족하지 않았습니다. 사면은 드레퓌스의 잘못을 인정하는 꼴이며 그렇게 된다면 정의는 돌아오지 않는다고 여겼기 때문입니다. 결국 에밀 졸라가 승리했습니다. 그러나 그에

정의, 나만 지키면 손해 아닌가요?

게 돌아온 것이라곤 석연치 않은 죽음뿐이었습니다. 가스 중독으로 죽었는데 그를 증오한 세력의 살인일지도 모른다는 평가였습니다.

왜 에밀 졸라는 자신과 전혀 관계없는 사람의 무죄를 위해 많은 것을 잃고 전 국민의 증오를 한 몸에 받으면서까지 싸웠을까요? 그것은 정의가 누구 한 사람의 문제가 아니라 인간 보편의 문제이며 가치라고 확신했기 때문입니다. 내 일이 아니라고 외면한다면 그가 살고 있는 세상은 절대로 정의로울 수 없기 때문입니다. 처음에는 사람들이 에밀 졸라를 미워했고 박해했습니다. 자신들의 이익에 반하는 선택을 했기 때문입니다. 그러나 에밀 졸라의 필사적인 노력 덕분에 진실이 밝혀졌고 프랑스는 다시 자유, 평등, 박애의 프랑스혁명 정신을 되찾았으며 세계에서 가장 민주적이며 정의로운 국가라는 명예를 얻었습니다. 이 사건 이후 프랑스는 어떠한 경우에도 정의를 훼손하는 일은 용납하지 않겠다는 사회적 합의를 이루었고, 그 점은 국민들에게 한없는 자부심을 주었습니다.

당장의 이익이나 강자의 복수 등에 대한 두려움 때문에 움츠러들 수는 있을지 모르지만 끝내 정의를 외면하면 결코 나도 정의의 보호를 받지 못합니다. 그러니 나만 정의를 따르는 건 결코 손해가 아니라 궁극적으로 나 자신이 정의의 보호를 받게 되는 최선의 지름길입니다. 그러므로 연대가 없다면 정의도 사라진다는 점을 명심해야 하겠습니다.

악법도
법이다?

결론부터 말하자면 '악법도 법이다'라는 말은 틀렸습니다. 우리는 소크라테스가 부당한 사형선고를 받고 사약을 받으면서 그런 말을 했다는 것을 상기하며(사실 소크라테스는 그런 말을 한 적이 없다고도 합니다) 모든 사람은 반드시 법을 지켜야 한다고 여깁니다. 설령 그 법에 잘못이 있더라도 일단은 지키고 난 뒤에 고쳐야 한다고 배웠거나 믿었습니다. 법은 사회 구성원 각자가 권리를 위임한 대표나 혹은 구성원 자신들의 동의에 의해 만들어졌으니 거부한다면 자기모순이 될 뿐이라고 주장합니다. 합법적인 절차에 따라 제정된 법을 위반하거나 거부하면 어떤 사회도 유지될 수 없습니다. 그래서

정의, 나만 지키면 손해 아닌가요?

우리는 어쩔 수 없지만 법은 지켜야 하며 설령 그게 악법이라 해도 반드시 일단 지켜야 한다고 판단합니다. 하지만 악법은 이미 그 자체로 법의 능력을 상실한 것입니다.

만약 어떤 법이 우리의 자유를 제한하고 억압한다면 과연 그게 법일 수 있을까요? 인간의 권리는 천부적인 것입니다. 그 절대적 가치를 인간이 합의한 법으로 억누를 수 있을까요? 그러니 그건 이미 법이 아닙니다. 예를 들어 히틀러가 이끌었던 나치의 법률도 독일 사람들이 선거로 뽑은 대표자들이 제정한 것이니까 지켜야 하는 것인가요? 합법적인 절차만 따랐다면 독재도 정의가 될 수 있을까요? 그렇다면 박정희 전 대통령이 기존의 법을 다 무시하고 새롭게 만든 유신헌법이 국민투표라는 동의 절차를 거쳐 선택되었으니 민주주의가 유린되고 정의가 무시되어도 반드시 지켜야 했을까요?

어떤 이는 법도 시대에 따라 바뀌는 것이니 절대적인 것은 아니지만, 어떤 시대건 선택과 동의로 만들어진 법은 그 내용의 옳고 그름과 관계없이 반드시 따라야 할 의무가 있다고 주장합니다. 악법의 기준이 무엇이냐고 따지는 이들도 있습니다. 누가 그것을 판단할 것이냐고 묻는 이도 있습니다. 아무리 문제가 있어도 다수의 의견을 따르는 것이 사회를 안정적으로 유지할 수 있다고 주장하는 이도 있습니다. 물론 그런 주장을 받아들이는 경우에도 그 '다수의 의견'이 옳은지, 그리고 다수라면 다 되는 건지에 대한 문제가 남아 있습니다. 민주주의가 다수결의 원칙을 따른다는 점을 악용하는 사례도 적지 않습니다.

조금 온건하고 중도적인 입장에 있는 사람들은 악법도 법이라는 점을 일단 인정하고 개정이라는 제도를 통해 독소조항만 수정 보완하는 방향으로 점진적으로 고쳐 나가면 되지 않겠느냐고 말합니다. 그럴듯한 설명이고 설득입니다.

물론 법을 지키지 않으면 사회가 엉망이 됩니다. 그렇게 되면 사회적으로 치러야 할 대가와 비용이 엄청납니다. 그래서 현실적으로 어쩔 수 없이 악법이지만 따라야 한다고 여기는 이들이 많습니다. 하지만 그런 타협이나 묵인이 악법을 생산하는 계기가 된다는 점을 놓쳐서는 안 됩니다. 그리고 마치 '빨간 노랑'이나 '둥근 사각형'이 논리적으로 원천적인 모순인 것처럼 '악법'이라는 말 자체가 일종의 모순 개념입니다. 법은 선과 정의를 지키는 가장 기본적이며 강력한 사회적 장치입니다. 그러니 악법이라는 건 존재할 수도 없고 존재해서도 안 됩니다. 법을 제정할 때는 문제점을 심각하게 여기지 않아서 그런 조항을 삽입했다고 합시다. 그런데 사회가 변하면서 그게 엉뚱하게 작동되거나 심지어 권력을 지닌 사람이 제 입맛에 유리하게 해석해서 마음대로 악용하는 경우도 있습니다. 이른바 법의 유보조항이라는 겁니다. 세부적인 사항은 헌법에서 직접 정하지 않고, 국민의 대표인 국회에서 정하는 법률에 위임하는 것도 일종의 법률

정의, 나만 지키면 손해 아닌가요?

유보조항입니다. 즉 세부적인 내용을 법률에 미뤄 둔다는 뜻입니다.

1970년대의 유신헌법을 악법이라고 하는 건 비합법적인 절차에 따라 만들어진 법률이어서가 아니라 수많은 유보조항을 만들어 놓고 최고 권력자의 입맛에 따라 마음대로 해석하고 법을 시행하도록 했기 때문입니다. 그것은 법이 독재를 옹호하고 따라서 민주주의와 정의를 훼손하는 제도적 악행이 되고 맙니다. 그런 법은 시민의 삶과 사회 공동체의 가치를 완전히 망가뜨립니다. 따라서 악법은 결코 법이 아니며 그것을 따라야 할 의무란 없습니다.

물론 악법도 일단 지켜야 사회가 안정되니 차차 고쳐 나가면 되지 않느냐는 주장에도 약간의 일리는 있습니다. 그러나 그런 주장이 흔히 악법을 정당화하는 근거로 사용된다는 점을 경계해야 합니다. 따라서 악법에 대해서는 비판하고 고치기를 요구해야 하며 그것이 거부되면 저항하고 맞서 싸워야 합니다. 법을 따르지 않는다는 비판을 두려워하면 안 됩니다. 우리가 두려워해야 할 것은 오직 인간의 존엄성과 정의 그리고 민주주의의 가치가 무너지고 훼손되는 것입니다.

법은 법을 따라야 하는 모든 이가 공감하고 지킬 수 있어야 합니다. 또한 법의 강제성을 고려하더라도 법은 모두에게 합리적이고 공정해야 하며 정의를 추구하고 지켜야 합니다. 그런 점에서 악법은 비합리적이고 비정의적이니 불필요합니다. 악법은 그 자체로 법의 존재 의미를 훼손하는 것입니다. 사회가 변하면 법도 변해야 합니다. 그러나 그 변화 속에서도 합리성과 정의는 훼손되어서는 안 됩니다. 악법도 법이므로 지켜야 한다고 주장하는 건 절대 진리일 수 없고, 실제로 악법은 그 법을 행사하는 자들의 횡포를 정당화시키는 수단이 될 뿐입니다. 법에는 반드시 정의, 합리성 그리고 공정한 강제성이 담겨 있어야 하며, 그래야 진정한 의미의 법이라고 할 수 있습니다. 따라서 악법은 결코 법일 수 없습니다.

정의의 바탕은
인격성

지금까지 우리는 정의의 성격과 특성, 그리고 그 역할에 대해 다양하게 살펴보았습니다. 또한 여러 이론도 찾아봤습니다. 법에 대해서도 생각해 봤습니다. 우리는 모두 규범을 지키고 살아야 합니다. 올바른 법에 따라 올바르게 살아야 합니다. 그것을 적법성이라고 할수 있습니다. 적법성만 지켜져도 훌륭한 사회가 될 수 있습니다. 공리주의는 적법성에 하자가 없습니다. 그래서 현실 사회에서 받아들여집니다.

그런데 적법이어도 정의롭지 않은 경우가 있습니다. 공리주의가 드러낸 문제, 즉 '공리적 처벌'이라는 문제에 빠질 수 있습니다.

또 적법이지만 비도덕적인 일도 있습니다. 그래서 칸트는 일찍이 공리주의는 적법성은 확보했지만 결국 행복을 지키기 위한 방편에 불과하기 때문에 윤리적인 규범이 될 수는 없다고 했습니다. 그러므로 적법성보다 더 중요한 것은 도덕성입니다. 인간이 도덕성을 상실하면 인간의 가치를 지킬 수 없습니다. 우리가 윤리와 도덕을 추구하는 건 바로 그 때문입니다.

하지만 적법성이나 도덕성보다 더 중요한 바탕은 인격성입니다. 어떠한 법도 도덕도 인간의 존엄성에 반하거나 자유로운 개인이라는 절대적 가치를 훼손하는 것은 부당합니다. 내가 아무리 행복해지더라도 그것이 타인의 불행을 담보로 하는 것이라면 당당하게 거부해야 합니다. 그것이 바로 정의입니다.

예를 들어 대기업에서 동네에 슈퍼마켓을 냅니다. 인테리어도 세련되었고 이미지도 좋아요. 편리하기도 하고 실적을 적립해 주는 등의 마케팅 서비스도 기존의 동네 슈퍼와는 비교가 되지 않습니다. 게다가 자금도 풍부하니 당장은 이익이 좀 줄더라도 저가로 팔 수도 있겠지요. 이래저래 동네 슈퍼는 경쟁이 되지 않습니다. 얼마 버티지 못하고 결국 문을 닫게 됩니다. 그러면 이제 동네를 장악한 대형 슈퍼마켓은 마음대로 할 수 있습니다.

과연 이게 정의로운 것일까요? 물론 법률적으로는 아무런 문제가 없습니다. 자본주의 사회에서 시장의 경쟁은 필수이고 실제로 좋은 결과를 소비자에게 주는 것이기 때문에 마다할 게 아닙니다. 합법적이며 자연스러운 일입니다. 그러나 과연 정의로운 것인가요? 아무리 합법적이어도 그것이 도덕적인 것에 앞설 수 없고, 아무리 도덕적이어도 인격적인 것에 앞설 수 없습니다. 정의는 바로 그런 것입니다. 합법적이고 도덕적이며 동시에 인격적이게 하는 것이 바로 정의입니다.

이러한 상황에서 우리가 할 수 있는 건 없을까요? 법에 보장된 '자유로운 경쟁'을 막을 수는 없겠지요. 그러나 이른바 '소극적 저항'이라는 게 있습니다. 간디의 비폭력 저항운동 아시지요? 예를 들면 그런 것과 비슷합니다. 소극적 저항 가운데 대표적인 것이 불매운동입니다. 보이콧이라고도 하지요. 대기업 슈퍼의 물건을 사지 않으면 되는 겁니다. 물론 쉽지는 않아요. 동네 슈퍼는 골목에 있지만 대기업 슈퍼는 큰길에 있어서 찾기도 쉽고 물건의 가짓수도 많고 카드 적립까지 해주니까요. 때론 갖고 싶은 사은품도 주고요. 그들은 큰 자본을 갖고 있기 때문에 그런 마케팅이 가능합니다. 자유 경쟁의 시장 경제 체제에서 그건 합법적일 뿐 아니라 소비자의 입장에서 싫을 까닭이 없는 것입니다. 하지만 그러면 동네 슈퍼는 어떻게 되나요? 경쟁을 이겨 낼 수 없으면 결국 문을 닫을 수밖에 없습니다.

하지만 여러분이 생각하기에도 이건 그리 바람직한 일은 아니겠지요? 만약 여러분이 동네에서 정직하게 어떤 가게를 해왔다고 생각해 보세요. 혹은 부모님께서 그런다고 가정해 봅시다. 얼마나 절망스러울까요. 지금까지 가게를 운영하기 위해 가게 세를 내고 실내 장식 비용도 적지 않게 들였습니다. 그런데 이익을 내서 생업을 유지하기는커녕 적자를 고스란히 안고 문을 닫아야 합니다. 그렇다고 다른 대안이 있는 것도 아닙니다. 물론 시장 경제 논리대로라면 더 좋은 물건을 더 싼 값에 제공하고 더 뛰어난 마케팅 능력으로 시장을 개척하면 되지 않느냐고 반론을 제기할 수도 있겠지요. 그러나 현실적으로는 어렵습니다. 그런 동네 가게를 살려 내는 길은 주민들이 조금 불편해도 적극적으로 그곳의 물건을 구매하는 것입니다. 그게 합리적 선택이 아닐까요? 그런 게 바로 '경제적 정의'입니다. 정의는 때론 법률적 보장보다 이렇게 우리의 배려와 공감에서 확보되는 것입니다.

나의 행복을 위해 타인의 불행을 강요할 수 없습니다. 그것이 우리 인격의 근거입니다. 따라서 정의의 문제에 맞닥뜨릴 때마다 우리는 늘 진지하게 진정한 인격성에 대해 끊임없이 성찰해야 하겠습니다.

정의는
주체적 질문에서
시작되고 완성된다

지금까지 정의에 관해 살펴보았습니다. 어쩌면 여러분 가운데 정의가 왜 이리 복잡하고 어렵냐고, 그리고 설명이 갈수록 어려워진다고 불평하는 사람도 있을지 모릅니다. 그러나 그것은 어렵고 난해한 이론적 설명을 위한 것이 아니라 적어도 정의 문제에 대해서는 조금이라도 더 진지하게 구체적으로 고민하고 인식했으면 하고 바라기 때문입니다. 정의는 그만큼 중요한 가치입니다. 가장 중요한 가치이니 쉽게 넘기고 대충 때울 문제가 아니라는 거지요.

정의 문제에서 여러분에게 하고 싶은 중요한 말 가운데 하나는 바로 스스로 주인이 되어 묻고 따져 보라는 겁니다. 이 책을 시작할 때 동요 〈옹달샘〉을 입체적으로 설명하였던 것을 기억하나요? 그저 하나의 답만 배우고 익히며 따르는 게 전부라 여겨서는 안 됩니다. 그건 내가 주인이 되어 사는 것도 아니고 제대로 배우는 것도 아닙니다. 답은 정해져 있습니다. 그 답은 내가 만든 게 아니고 이미 만들어진 것입니다. 그리고 그런 답은 하나뿐입니다. 하지만 질문은 내가 합니다. 누가 대신하는 게 아닙니다. 그러므로 질문은 주체적입니다. 그리고 질문은 하나가 아니라 끝이 없습니다. 또한 모든 질문은 반드시 그 답을 갖고 있습니다. 그 과정을 찾아내고 채워 가는 것이 중요합니다. 따라서 여러분은 앞으로 계속해서 끊임없이 묻고 따지고 캐야 하겠습니다. 그것이 정의의 문제에서 잊지 말아야 할 핵심입니다.

그와 관련한 사례를 하나 던지는 것으로 이 책을 마무리할까 합니다. 여러분은 교복을 입고 있지요? 마음에 듭니까? 한때 교복이 학교에서 사라졌습니다. 획일적이고 개성을 말살한다는 교복의 부정적 측면 때문이기도 했지만 무엇보다 이전의 교복이 일본 제국주의 교육의 잔재라고 여겨졌기 때문입니다. 예전에는 시커먼 교복을 입었습니다. 그리고 그 교복의 원형은 일본의 군복이었습니다. 심지어 여학생들은 해군의 군복을 따랐습니다. 그래서 '세라복'이라고도 불렀는데 그건 해군 수병 즉 '세일러sailor'의 옷이라는 뜻이었습니다. 물론 제복이 주는 여러 장점이 있습니다. 그렇지만 사회가 민주화되

정의, 나만 지키면 손해 아닌가요?

면서 자유로운 개인을 억압하는 불필요한 요인들은 제거해야 한다는 시민적 합의가 결국 교복을 추방하게 했습니다.

그럼 어떻게 해서 여러분은 교복을 입게 되었을까요? 그리고 누가 그렇게 하기로 결정했나요? 교복을 입게 될 청소년 학생들이 결정했나요? 아닙니다. 어른들이 결정했습니다. 물론 나름대로 이유와 근거가 있겠지요, 교복을 입지 않으면 외모에 신경을 쓰게 되고(교복을 입으면 외모에 신경 안 쓰나요?), 비싼 옷으로 자신을 드러내려 하기 때문에 여러 문제가 발생할 뿐 아니라 빈부의 차이가 드러난다는 이유도 댑니다.

하지만 그건 정당한 근거가 되지 못합니다. 교육이란 그저 교과서의 지식만 가르치는 게 전부가 아닙니다. 누구나 좋은 옷, 비싼 옷, 심지어 명품으로 두르고 싶습니다. 하지만 자신의 형편과 분수에 맞게 합리적으로 선택해서 입어야 합니다. 그리고 비싸다고 무조건 좋은 것도 아니고요. 더 중요한 것은 옷이 신분이나 부를 과시하는 수단이 아니라 자신의 개성을 표현하는 방식이라는 점입니다. 그러므로 합리적으로 옷을 고르고(이런 게 경제 아닌가요?) 개성과 멋을 표현해 내며(미술 시간에 이런 걸 가르쳐야 하는 거 아니에요?) 사람을 평가하고 판단할 때 그가 입은 옷의 값으로 따지는 건 가장 유치하고 어리석은 일이라는 걸 먼저 가르쳐야(그게 사회 수업이지요) 했습니다. 하지만 이런 것들은 거의 실천하지 않으면서 문제가 되는 현상들만 크게 부풀려서 마치 모든 문제가 교복을 입지 않았기 때문인 것처럼 어른들의 편의대로 생각한 결과입니다. 사실 교복이 싼 것도 아니고, 게다가 한창 자랄 시기에 교복 하나로 졸업 때까지 입는 것도 어려워요. 그래서 입학 때는 자루처럼 펑퍼짐하게 입다가 졸업 때는 거의 쫄쫄이가 되는 게 교복이지 않나요? 개성은 둘째 치고 사람을 옷에 억지로 끼워 맞추게 됩니다. 이건 일종의 폭력이고 불필요한 길들이기의 과정입니다.

상당수의 어른들과 선생님들은 교복을 입어야 학생답다고 말합니다. 그건 자신들이 그렇게 자랐기 때문에 그걸 기준으로 생각하고 판단하는 것일 뿐입니다. 그리고 도대체 학생답다는 건 뭐죠? 똑같은 제복을 입어야 학생다운 걸까요? 어떤 선생님들은 교복을 입지 않으니 산만해지고 규율도 잘 지키지 않는다고 불평했습니다. 그럴까요? 설령 그런 점이 조금은 있다 해도 그게 교복을 다시 입어야 할 근본적인 이유는 되지 못합니다.

사실 처음에 교복을 입은 건 특목고였습니다. 만약에 어떤 후진 (이런 표현이 적절하지 않거니와 혹시라도 학교를 등급화하는 것이 불편하게 여겨질지 모르지만 그런 뜻은 전혀 없으니 이해해 주기 바랍니다. 어쨌거나 사람들이 심정적으로 그렇게 여기는 심리가 있다는 얘기입니다) 학교에서 교복을 먼저 입었다면 다른 학교들이 따라 했을까요? 난 그렇지 않았을 거라고 단언합니다. 그런데 특목고 학생들이 교복을 입었습니다. 예전의 시커먼 교복도 아닙니다. 색상도 다양하고 파스텔 톤에 색감도 좋으며 디자인도 세련되었습니다. 마치 미국의 고급 사립학교 학생처럼 보였습니다. 그래서 그걸 따라 하는 학교들이 생겼습니다. 그리고 금세 전염병처럼 다 따라 하게 된 겁니다.

학생이라면 강제로 교복을 입어야 하는 게 정의로운 일일까요? 정의가 너무 값싼(?) 상황에서 제기된다고 느끼나요? 아닙니다. 정의는 모든 문제에서 고려될 사항입니다. 만약 교복을 입는 게 좋다 해도, 그리고 많은 선생님과 학부모가 동의한다 해도 강제될 필연성은 없는 일입니다. 교복을 입기 원하는 사람은 교복을 입고 사복을 입고 싶어 하면 사복을 입게 하면 됩니다. 반드시 똑같은 옷을 입어야 하는 의무가 있는 걸까요? 당연하고 자연스럽게 생각했던 것들도 이렇게 따지고 파고들면 많은 것을 발견하게 되고 문제의 핵심에 접근하게 됩니다. 이게 질문의 힘입니다.

그런 문제 하나만 더 다루고 끝내겠습니다. 학생들은 교복을 입고 명찰을 답니다. 명찰에 새겨진 건 자신의 이름입니다. 이름은 나를 나타내는, 즉 내 정체성을 대표하고 대변하는 것입니다. 그런데 나는 이름을 옷에 달고 다닙니다. 제복에는 반드시 이름표가 붙어야 하는 걸까요? 교복은 입어도 명찰은 달지 않는 학교도 있지만 그건 탈부착 하는 경우가 대부분이고 아예 명찰이 없는 경우는 소수에 불과합니다. 사람들은 내 이름을 압니다. 명찰을 보았기 때문입니다. 그러나 나는 상대의 이름을 모릅니다. 그는 명찰을 달고 있지 않기 때문입니다. 이름이 노출되는 건 나의 ID가 노출된 것과 같습니다. 명찰을 단 사람과 그렇지 않은 사람의 관계는 이렇게 불공정합니다. 그게 정의일까요? 내가 명찰을 다는 건 단지 어린 학생이기 때문에, 교복을 입는 청소년이기 때문에 따라야 하는 법칙인가요? 그리고 그것이 정의에 합치하는 일인가요?

요즘은 선생님들도 명찰을 다는 경우가 많아졌습니다. 그러나 대부분은 여전히 명찰을 달지 않습니다. 어른들이 명찰 다는 게 부끄러워서일까요? 아니면 명찰 단 사람과 달지 않은 사람을 구별하여 관계를 명확히 하기 위해서일까요? 나는 학생들이 명찰을 달아야 한다면 선생님도 명찰을 다는 것이 옳다고 봅니다. 모든 사람은 평등합니다. 교사도 학생도 같이 명찰을 다는 것은 그런 평등의 상징이며 그 자체가 교육입니다.

명찰을 달지 않아 이름을 몰라서 불편하다면 학기 초에 열심히 학생들의 얼굴과 이름을 대조하며 외우면 됩니다. 예를 들어 교장선생님이 학생들의 이름을 다 익혀서 복도에서 만났을 때 이름을 불러 준다면 어떤 느낌이 들까요? 나의 존재감, 자존감이 절로 생길 겁니다. 교장선생님께서 명찰이 없는데 내 이름을 불러 주신 건 그만큼 나의 존재에 대해 그분께서 생각하고 노력하셨다는 증거니까요. 그런 학교에서의 생활은 조금이라도 더 행복하겠지요?

이러한 문제 제기는 단순한 시비 걸기가 아닙니다. 여러분이 끊임없이 묻고 캐고 따지면 지금까지 보이지 않던 게 보입니다. 그리고 새롭게 보게 된 것에 대해 함께 머리를 맞대고 고민하고 논의하면 보다 나은 방법이 찾아집니다.

정의는 누가 시혜처럼 베푸는 게 아닙니다. 그렇다고 예전처럼 피 흘리며 싸워 쟁취하는 것도 아닙니다. 정의가 강물처럼 흐르고, 그런 정의를 위해 내가 노력하면서 내 삶이 정의의 수호를 받아야 보다 인간다운 삶을 살 수 있게 됩니다. 그게 우리가 반드시 정의를 지켜 내야 하는 이유입니다. 여러분이 정의를 지키고 정의가 여러분을 지켜 줄 것을 기대합니다.

아우름 12

정의,
나만 지키면 손해 아닌가요?

1판 1쇄 발행 2016년 5월 20일
1판 12쇄 발행 2022년 4월 21일

지은이 김경집
펴낸이 이봉우

콘텐츠본부 고혁 김초록 김지용
디자인 이영민
마케팅본부 송영우 어찬 윤다영
관 리 박현주

표지 패턴 NOSTRESS 민유경

펴낸곳 (주)샘터사
등 록 2001년 10월 15일 제1-2923호
주 소 서울시 종로구 창경궁로35길 26 2층 (03076)
전 화 02-763-8965(콘텐츠본부) 02-763-8966(마케팅본부)
팩 스 02-3672-1873 **이메일** book@isamtoh.com **홈페이지** www.isamtoh.com

ISBN 978-89-464-2029-8 04190
ISBN 978-89-464-1885-1 04080(세트)

값은 뒤표지에 있습니다.
잘못 만들어진 책은 구입처에서 교환해 드립니다.